Beate Hammond

HABSBURGS GRÖSSTE LIEBESGESCHICHTE

Franz Ferdinand und Sophie

Ueberreuter

Meiner Großmutter Dorothea Bube
gewidmet

Die Deutsche Bibliothek – CIP-Einheitsaufnahme

Hammond, Beate:
Habsburgs größte Liebesgeschichte : Franz Ferdinand und Sophie / Beate Hammond. - Wien : Ueberreuter, 2001
ISBN 3-8000-3794-7

AU 0534/1

Umschlaggestaltung: Zembsch' Werkstatt, München, unter Verwendung von Bildern aus dem Erzherzog-Franz-Ferdinand-Museum, Schloss Artstetten, und aus dem Bildarchiv der Österreichischen Nationalbibliothek

Druck: Ueberreuter Print
7 6 5 4 3 2 1

Ueberreuter im Internet: www.ueberreuter.de

Inhalt

Anfänge und Ursprünge

Eine ganz gewöhnliche Geburt im Hause Habsburg

Es handelt sich um eine ganz gewöhnliche Geburt im Hause Habsburg, als am 18. Dezember 1863 Erzherzog Franz Ferdinand zur Welt kommt. Die Ankündigung der Geburt in der »Wiener Zeitung« ist dementsprechend nüchtern: »Ihre kaiserliche Hoheit, die durchlauchtigste Frau Erzherzogin Maria Annunziata, Gemahlin des durchlauchtigsten Erzherzogs Karl Ludwig sind Freitag, dem 18. Dezember 1863, um ¼ nach 7 Uhr früh zu Graz von einem Erzherzog glücklich entbunden worden. Die höchste Wöchnerin und das durchlauchtigste Kind befinden sich wohl.«[1] Für den Vater des durchlauchtigsten Kindes ist das freudige Ereignis jedoch alles andere als ein nüchternes. In seinem Tagebuch notiert er: »Heute ¼ 8 Uhr morgens wurde mir (die) größte Freude meines Lebens (zuteil), indem mir ein Sohn geboren wurde. Mit ... gegen Ende heftigem Leiden kam meine geliebte Annunziata mit dem Kleinen nieder, sie ist mir erhalten geblieben.«[2] Karl Ludwig kann das höchst emotionale Erlebnis kaum in Worte kleiden. »Der Augenblick, als die kräftige Stimme unseres lieben Kindes sich vernehmen ließ, ist unbeschreiblich; ich konnte nur unter Tränen der Rührung, die mir schon die Beobachtung von Annunziatas Schmerzen entlockte, dieselbe umarmen und ihr für die Geburt danken.«[3]

Am nächsten Tag um 15 Uhr wird das Neugeborene auf die Namen Franz Ferdinand Karl Ludwig Joseph Maria getauft. Sein Großvater Erzherzog Franz Karl ist Taufpate. Es handelt sich um eine einfache Zeremonie, verglichen mit der, die 1858 für

Franz Ferdinands Cousin Rudolf stattgefunden hatte. Aber Rudolf ist immerhin der Sohn des Kaisers Franz Joseph I. und der Kaiserin Elisabeth und damit der Thronfolger und Kronprinz. Der neugeborene Erzherzog hingegen ist vom Thron relativ weit entfernt. Neben dem Kaiser und Kronprinz Rudolf steht noch Erzherzog Maximilian, ein weiterer älterer Bruder seines Vaters, vor ihm in der Thronfolge. Da Erzherzog Maximilian aber zu dieser Zeit bereits mit dem Gedanken spielt, das Haus Habsburg als Kaiser von Mexiko zu vertreten, würde er in diesem Fall aus der österreichisch-ungarischen Thronfolge ausscheiden.
Für einen nachgeborenen Sohn wie Erzherzog Karl Ludwig, den Vater Franz Ferdinands, boten sich nur wenig interessante politische Aufgaben. In den 50er-Jahren war Karl Ludwig Statthalter von Tirol gewesen. Doch mit dem In-Kraft-Treten der Februarverfassung war die Funktion des Statthalters unter die Verantwortlichkeit eines Ministeriums gestellt worden. Da ein Mitglied des regierenden Hauses natürlich nicht mit einem Minister in ein dienstliches Unterordnungsverhältnis treten konnte, bedeutete dies, dass er diese Funktion aufgeben musste. Seine Enttäuschung darüber hielt sich allerdings in Grenzen, denn seine wahren Interessen lagen außerhalb der Politik. Er besuchte regelmäßig die Wiener Theater und war ein Kunstfan. In einigen Jahren sollte er sich sarkastisch als »Ausstellungserzherzog« bezeichnen, weil er zahlreiche Patronate für Ausstellungen übernommen hatte.
Außerdem war Karl Ludwig im Gegensatz zu seinen Brüdern ein ausgesprochener Familienmensch, der nichts mehr schätzte als ein bürgerlich-geregeltes Familienleben mit Frau und Kindern. Er brauchte aber mehrere Anläufe, bis er dieses Ziel verwirklichen konnte. Seine erste Frau, die junge, lebensfrohe Margarethe von Sachsen, war nach 22 Monaten kinderloser Ehe im September 1858 plötzlich und unerwartet auf einer Urlaubsreise durch Südtirol und Italien gestorben. Nach diesem sehr schmerzhaften Erlebnis hatte Karl Ludwig sich lange Zeit mit dem Gedanken getragen, allen weltlichen Freuden zu entsagen und seine Trauer hinter Klostermauern zu verarbeiten. Doch

seine gestrenge Mama, Erzherzogin Sophie, die ihrer resoluten Art wegen oft (und natürlich stets hinter ihrem Rücken) als der »einzige Mann am Wiener Hof« bezeichnet wurde, erinnerte ihn an seine dynastischen Pflichten und wählte auch gleichzeitig eine Braut aus, mit der er diese erfüllen konnte.

Ihr geschultes Auge, mit dem sie alle Gemahlinnen ihrer Söhne gewählt hatte, fiel auf die 19-jährige Prinzessin Maria Annunziata von Bourbon, die Tochter von Fernandino II., Königs beider Sizilien. Obwohl die Familie entthront im Exil in Rom lebte, war es doch ein regierendes Haus und damit eines Habsburgers ebenbürtig. Zudem gefiel die grazile, dunkelhaarige Frau Karl Ludwig, obwohl sie äußerlich das genaue Gegenteil der fülligen, mütterlich wirkenden blonden Margarethe war. Die geplante Verbindung warf aber auch Probleme auf. Die nahe Verwandtschaft zwischen Braut und Bräutigam machte die Einholung einer päpstlichen Sondergenehmigung (Dispens) erforderlich. Noch schwerer wog die schwankende Gesundheit der Prinzessin, die an Epilepsie und einer Lungenkrankheit litt. Doch offenbar tat dies dem Ehewunsch des Erzherzogs keinen Abbruch. Am 21. Oktober 1862 schloss Erzherzog Karl Ludwig zum zweiten Mal den Bund fürs Leben, wieder mit einer katholischen Prinzessin.

Um die kränkelnde Maria Annunziata langsam vom milden italienischen an das kältere österreichische Klima zu gewöhnen, zieht das Paar vorerst nicht nach Wien, sondern lässt sich im Kronland Görz nieder. Dort war das Wetter, wenn man Karl Ludwigs Briefen Glauben schenken kann, bereits im Januar »... so milde, dass man sich dem Frühjahr schon ganz nahe glaubt«.[4] Im Mai geht es nach einem Kurzaufenthalt in Wien weiter nach Schloss Artstetten in Niederösterreich. Inzwischen ist Maria Annunziata schwanger und genießt gemeinsam mit ihrem Mann die Ruhe. »Die Erzherzogin und ich, wir sind beide gerne hier, diese ländliche Ruhe, die frische Gebirgsluft und das Gefühl, im eigenen Hause zu sein, thun uns wohl ...«[5], schreibt Erzherzog Karl Ludwig an einen Freund. Mitte Oktober 1863 kehren sie für zwei Wochen nach Wien zurück. Karl Ludwig er-

wirbt in dieser Zeit ein kleines Palais in der Favoritenstraße auf der Wieden nahe dem Theresianum von Leopold von Sachsen und beauftragt einen Architekten mit der Neugestaltung. Der Gesundheit Maria Annunziatas zuliebe wird entschieden, den Winter südlicher zu verbringen, und so zieht das Ehepaar im Oktober nach Graz in die Sackstraße Nummer 18, den städtischen Hof des Zisterzienserstiftes Rein bei Gratwein. Auch hier ist der anspruchslose Karl Ludwig wieder einmal sehr glücklich. »Graz ist angenehm; es hat die Vortheile einer größeren Stadt ohne die Nachtheile einer solchen ... Ich ... bin nicht in dem ewig rastlosen Getriebe, wie das in Wien der Fall war.«[6]
In dieser Sackstraße wird Franz Ferdinand am 18. Dezember 1863 geboren. Nachdem er kurz nach der Geburt ein eher schwaches Kind war, bessert sich sein Gesundheitszustand einige Wochen nach der Geburt. »... Gott sei Lob und Dank, dass die Niederkunft meiner geliebten Frau glücklich vorübergegangen ist«, schreibt Erzherzog Karl Ludwig, »und sich dieselbe, sowie unser lieber kleiner Franz wohl befinden. Er ist ein kräftiges, gesundes Kind. Gott erhalte ihn uns so, und dass er fortan gedeihe.«[7] Aus gesundheitlichen Gründen hält man ihn aber von seiner kranken Mutter so fern wie möglich. Erzherzog Franz Ferdinand und sein Bruder Erzherzog Otto, der knapp zwei Jahre nach ihm geboren wird, dürfen sie nicht berühren geschweige denn umarmen und auch nur wenig mit ihr sprechen.

Als Thronerbe nach Mexiko?

Zwar bessert sich Erzherzogin Maria Annunziatas Zustand so weit, dass die Familie ab 1866 die Winter in Wien statt in Graz verbringen kann, doch eine unbeschwerte Mutter-Kind-Beziehung im bürgerlichen Sinne, so wie sie sich Karl Ludwig für seine Kinder gewünscht hat, ist nicht möglich. Der schlechte Gesundheitszustand ist aber nicht die einzige Wolke über dem Familienglück. Im Jahre 1866 erhält Erzherzog Karl Ludwig einen Brief von seinem Bruder Maximilian, der inzwischen Kaiser von

Der 7-jährige Franz Ferdinand mit seinem 5-jährigen Bruder Otto

Mexiko geworden ist. Da Maximilians Ehe mit der ehemaligen belgischen Prinzessin Charlotte noch kinderlos ist, schlägt er Karl Ludwig unverblümt vor, er solle ihm einen seiner beiden Söhne zur Pflege überlassen. Dieser würde dann auch die mexikanische Krone erben.
Kaiser Maximilian konkretisiert auch sein Anliegen. Einer der beiden jungen Erzherzoge, entweder Franz Ferdinand oder Otto, sollte noch im Laufe des Jahres 1866 als sein Sohn und Erbe nach Mexiko reisen. »Ihre königliche Majestät die Kaiserin Charlotte würde nach Wien kommen, um ihn abzuholen.«[8] Eine Begleitung des dreijährigen Franz Ferdinand oder des knapp einjährigen Ottos sei nicht nötig. »Ihre Majestät würde den nötigen Hofstaat mitbringen, sodass von hier aus nur eine Kinderfrau und ein Arzt mitgingen.«[9] Der Aufenthalt in Mexiko konnte allerdings auch schon früher enden, denn »sollte Kaiser Max noch ein Kind geboren werden, so würde der Prinz, mit einer seiner Stellung würdigen Apanage, nach Österreich zurückkehren«.[10] Für Maximilian scheinen seine jungen Neffen wohl in erster Linie Spielbälle kaltblütiger Machtinteressen zu sein. Lebewesen, aber vor allem Objekte, die in erster Linie dazu dienen, den Thron zu sichern, wenn nicht in Österreich, dann im fernen Mexiko. Natürlich erteilt Erzherzog Karl Ludwig dem unglaublichen Vorschlag eine Abfuhr. Seine Familie wächst unterdessen weiter. Im Jahr 1868 erwartet Erzherzogin Maria Annunziata bereits das dritte Kind, und auch gesundheitlich geht es ihr immer besser.

Skandal in der Linie Rainer

Währenddessen braut sich in einem anderen Habsburgerzweig ein handfester Skandal zusammen. Erzherzog Heinrich, ein Sohn aus der Linie Erzherzog Rainer und entfernter Cousin Karl Ludwigs, hatte sich in die bürgerliche Sängerin Leopoldine Hofmann verliebt und will diese unbedingt heiraten, obwohl er genau weiß, dass seine Braut keine standesgemäße ist. Zwar ist

Hierarchie der Habsburger Linien

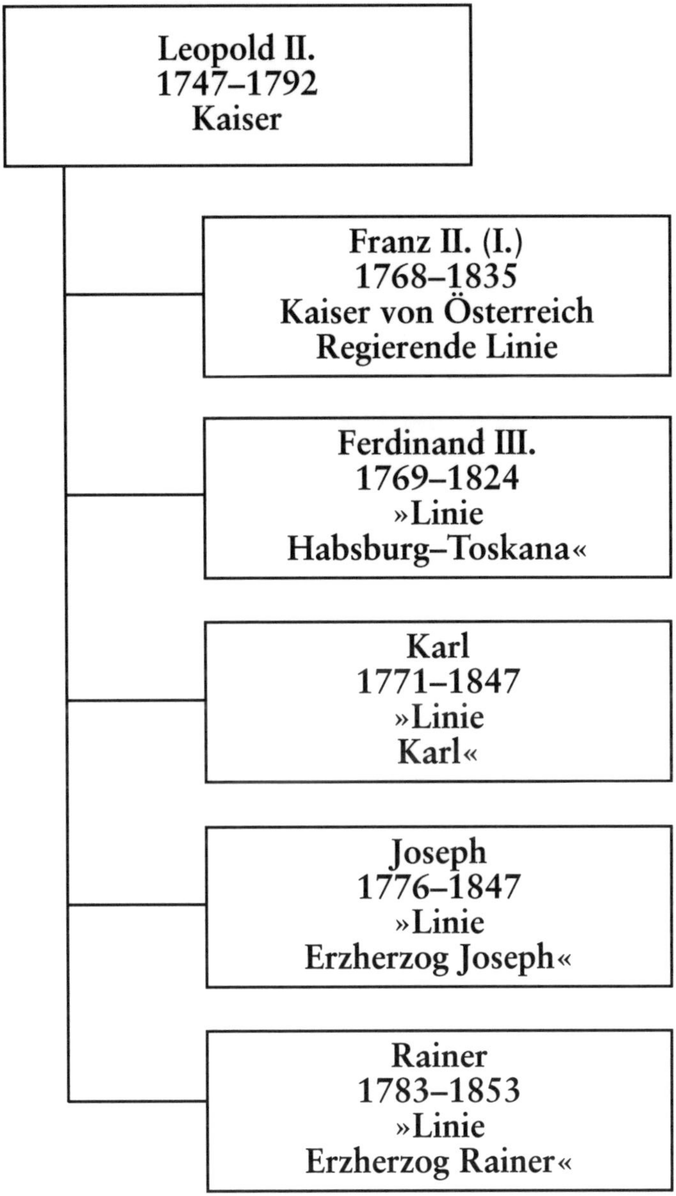

das Prinzip der Ebenbürtigkeit im Familienstatut von 1839 nicht definiert, aber im Allgemeinen versteht man darunter katholische Prinzessinnen aus einem regierenden Hause. Eine Bürgerstochter wie Leopoldine Hofmann gilt in keinem Fall als ebenbürtig. Kaiser Franz Joseph, der als Familienoberhaupt alle Ehen der Habsburger genehmigen muss, verweigert seine Zustimmung. Er teilt die in dieser Zeit weit verbreitete Ansicht, dass unstandesgemäße Ehen die Ehre und das Ansehen des Allerhöchsten Hauses schädigen und so die Monarchie schwächen würden.

Den Einwand »Liebe« lässt er nicht gelten. Schließlich kann man diese auch in einer standesgemäßen Verbindung finden. Ja, er, der Kaiser, selbst hatte seine eigene Braut, die Wittelsbacher Prinzessin Elisabeth, aus Liebe geheiratet und die eigentlich für ihn bestimmte ältere Schwester Elisabeths, Prinzessin Helene, abgelehnt. Da sich nun aber selbst die Liebesehe des Kaisers inzwischen in einem Stadium befindet, das man heute mit fortgeschrittener Entfremdung der Ehepartner beschreiben würde, ist sie auch gleichzeitig ein abschreckendes Beispiel. Liebesheiraten, so glaubt man in kaiserlichen Kreisen zu wissen, stellen sich nach wenigen Jahren oft als Leidenschaftsheiraten heraus – wenn die Passion erlischt, hält die Ehepartner nichts mehr beieinander. Besser also man vermählt sich »rationell« und sucht das Vergnügen außerhalb des Lebensbundes.

Ebenso wenig wie das Liebesargument überzeugt den Kaiser der Umstand, dass Erzherzog Heinrich in der Thronfolge eine sehr untergeordnete Position einnahm. In der Familie Habsburg-Lothringen gab es neben dem regierenden Zweig, dem Franz Joseph und Karl Ludwig angehörten, noch vier andere Linien, die auf die Söhne Kaiser Leopolds II. zurückgingen. Es waren diese, nach Rang geordnet, (1) die Linie Toskana, deren Stammvater Ferdinand, Großherzog von Toskana, war, (2) die Linie Erzherzog Karl, Herzog von Teschen, (3) die Linie Erzherzog Joseph, Palatin von Ungarn, und schließlich quasi »ganz hinten«, am Ende der Hierarchie (4) die Linie Erzherzog Rainer, aus der Erzherzog Heinrich stammte.

Dennoch bleibt der Kaiser bei seiner Meinung, eine Genehmigung dieser Heirat kommt nicht infrage. Aber Erzherzog Heinrich ist von seinem Vorhaben nicht abzubringen. Also vermählt er sich am 4. Februar 1868 heimlich mit Leopoldine Hofmann in Bozen – eine Rebellion gegen die strikte Heiratspolitik des Hauses. Die Antwort für den ungehorsamen Erzherzog folgt auf dem Fuße: Der Kaiser entzieht Erzherzog Heinrich seine Grade in der Armee und verbannt ihn vom kaiserlichen Hofe. Nebenbei liefert er der Wiener Hofgesellschaft ein beliebtes Gesprächsthema.

Eine andere, ganz normale Geburt

Niemand ahnte, dass ein kleines Mädchen, das weniger als einen Monat nach der heimlichen Hochzeit fernab der kaiserlichen Öffentlichkeit geboren wurde, eines Tages für ähnlichen Gesprächsstoff am Kaiserhof sorgen würde. Doch bis dahin sollten noch mehr als 30 Jahre vergehen. Vorerst war Gräfin Sophie Maria Josephine Albina Chotek, die am 1. März 1868 in Stuttgart geboren worden war, lediglich ein weiteres Kind des Grafen Bohuslav Chotek, des österreichisch-ungarischen Gesandten am Württemberger Hof, und seiner Gemahlin Wilhelmine, einer geborenen Gräfin Kinsky.

Die Ehe der Choteks war mit vielen Kindern gesegnet. Sophie hatte bereits vier ältere Geschwister, einen Bruder Wolfgang und drei Schwestern mit Namen Sidonie, Maria und Karoline. Damit war die Familienplanung aber noch lange nicht abgeschlossen. Wie die meisten Adeligen betrachteten die Eheleute Chotek jedes Kind, ob männlich oder weiblich, als ein Geschenk Gottes. Je mehr Kinder man hatte, umso besser meinte es Gott mit der Familie. Außerdem stammten beide Elternteile aus großen Familien – Wilhelmine hatte sechs Geschwister, während Bohuslav mit drei Brüdern aufgewachsen war, von denen aber zwei, Karl und Emanuel, sehr früh gestorben waren. Ihm war nur sein Bruder Anton geblieben, dem die Verwaltung der familiären Güter in Böhmen zugefallen war.

Die Choteks und die Kinskys

Die Vermählung Bohuslavs mit der charmanten Wilhelmine war eine außerordentlich geglückte Verbindung zwischen zwei alteingesessenen böhmischen Adelsfamilien, deren Geschichte weit bis vor den 30-jährigen Krieg zurückreichte, der entscheidenden Zäsur für den wirklich vornehmen Adel. Alle Familien, die sich nach dieser Zeit in Böhmen niedergelassen hatten, waren »neue Familien«, die irgendwie nicht »richtig« dazugehörten und die sich in der exklusiven Prager Gesellschaft schwer taten.

Nicht so die Choteks. Diese entstammten dem böhmischen Uradel, der in der 2. Hälfte des 14. Jahrhunderts erstmals urkundlich aufgetreten war und mit Otto Chotek von Chotzkow und Liblin die Stammreihe anführt. Der Stammvater der Linie Chotek von Chotkowa und Wognin, zu der Bohuslav gehörte, war Wenzel Anton Chotek, der durch die Heirat mit der vermögenden Maria Therese von Scheidler das Vermögen der Familie begründet hatte. Wenzel wurde von Leopold I. 1702 in den Freiherrenstand erhoben und erhielt unter Karl VI. 1723 den Grafentitel. Wenzels Nachkommen bekleideten wichtige politische Ämter, seine Söhne Rudolf und Johann gehörten zu den bedeutendsten Ministern der Kaiserin Maria Theresia. Sein Enkel Johann Rudolf Chotek war unter Kaiser Joseph II. oberster Hofkanzler und später Oberstburggraf von Böhmen. Von seinen Urenkeln war einer der k. k. Oberst Joseph Chotek, der den Heldentod in der Schlacht von Wagram starb, ein anderer trat in den geistlichen Stand und wurde Fürsterzbischof von Olmütz. Der jüngste, Karl Chotek, Bohuslavs Vater, wurde Gouverneur von Tirol und Vorarlberg und gründete außerdem einen mit reichem Grundbesitz ausgestatteten Zweig seiner Familie.

Auf Anregung Karl Choteks wurde sein zweitgeborener Sohn Bohuslav nach einem unbezahlten Praktikum bei Freiherr von Wesenberg an der österreichischen Gesandtschaft in Dresden am 20. November 1848 im Alter von 19 Jahren als unbesoldeter Attaché in den diplomatischen Dienst aufgenommen. Zwölf

Jahre später heiratete er, 31-jährig, Wilhelmine »Mintzy« Kinsky, die jüngste Tochter von Graf Joseph Erwein Kinsky und seiner Frau Marie, einer geborenen Gräfin Czernin-Chudenitz, die auf dem prachtvollen Schloss Adlerkosteletz in Nordböhmen lebten. Die Kinskys waren eine der ersten Familien Böhmens, deren Ursprung bis ins 13. Jahrhundert dokumentiert werden kann. Besonders die fürstliche Linie der Grafen Kinsky von Wchinitz und Tettau hatte zahlreiche Persönlichkeiten hervorgebracht, die sich, wie die Choteks, in der hohen Politik und besonders im Militär auszeichneten. Keine andere Familie, schrieb der Biograf Wurzbach, habe so viele hervorragende Soldaten hervorgebracht wie die Kinskys.

Die Kinskys waren aber auch Kunstfreunde und -förderer. Wilhelmines Großvater Graf Ferdinand Kinsky hatte gemeinsam mit Erzherzog Rudolf und Fürst Isidor Lobkowicz den deutschen Komponisten Ludwig van Beethoven mit einem Stipendium von 4000 Gulden gefördert, damit dieser nicht zurück nach Deutschland ginge, von wo er 1808 ein gutes Angebot erhalten hatte. Graf Ferdinand Kinsky zahlte den größten Teil der Förderung, nämlich 1800 Gulden jährlich.

Seine Enkelin Gräfin Wilhelmine, die im Familienkreis Mintzy genannt wurde, war ein ruhiges, charmantes, musikalisches Mädchen, das gerne Klavier spielte. Mit ihrer ruhigen Art war sie für eine Ehe mit dem quirligen Bohuslav Chotek bestens geeignet. Dass dieser nur von kleiner Statur und ein nicht übermäßig attraktiver Mann war, schien ihr nichts auszumachen, ebenso wenig das unstete Leben, mit dem sie als Diplomatengattin zu rechnen hatte. Die beiden heirateten im Oktober 1859 und schon im darauf folgenden Jahr im August wurde der erste Sohn geboren, der nach dem Bruder Wilhelmines Wolfgang genannt wurde.

In der fast zehn Jahre währenden Ehe hatte die Familie Chotek schon an fünf verschiedenen Orten gewohnt. Nach Aufenthalten in Stuttgart, Berlin, London, Sankt Petersburg, wieder Berlin und Dresden lebte sie zum Zeitpunkt der Geburt seiner Tochter Sophie wieder in Stuttgart. Bohuslav war vom Prakti-

kanten inzwischen zur Funktion außerordentlicher Gesandter und bevollmächtigter Minister aufgestiegen.
Daheim wurde deutsch gesprochen. Wie die meisten böhmischen Adelsfamilien sprachen die Choteks und auch die Kinskys wenig und schlecht tschechisch, gerade so viel, um ohne gröbere Schwierigkeiten in der Heimat zurechtzukommen. Trotzdem sich der böhmische Adel aber in erster Linie als Stütze des österreichischen Kaiserhauses verstand, besaß er doch eine große Liebe zu seiner Heimat und setzte sich für die Erhaltung der tschechischen Sprache und Kultur ein.

Der Großvater: Graf Karl Chotek

Das erste Weihnachtsfest der kleinen Sophie war ein trauriges für die Familie Chotek, denn Bohuslavs Vater Graf Karl Chotek verstarb nach den Feiertagen, am 28. Dezember, im 86. Lebensjahr. Er war einer der letzten großen Staatsmänner, die bereits unter Kaiser Franz I. gedient hatten. Schon in jungen Jahren hatte Karl Chotek verantwortungsvolle politische Positionen erhalten. Mit 29 war er bereits Kreishauptmann in Prerau in Mähren geworden, damals ein Traumjob aller, die sich in Österreich der politischen Verwaltung widmeten, danach war er sechs Jahre Gouverneur von Tirol und Vorarlberg gewesen. Neben den üblichen Verwaltungstätigkeiten kümmerte sich Chotek dort besonders um die Armenversorgung. Nach einem verheerenden Großbrand im Markt Imst organisierte er eine äußerst erfolgreiche Spendensammlung, zu der er auch aus seinem Privatvermögen beitrug. Er gründete außerdem ein Armeninstitut und sorgte für eine ausreichende Dotierung des Armenfonds, um die bedürftigen Tiroler, derer es nicht wenig gab, ausreichend unterstützen zu können.
Insgesamt war seine Arbeit dort so erfolgreich, dass die Treue der beiden Provinzen zum Kaiserhaus stieg. Dies wurde besonders deutlich, als Kaiser Franz I. im Jahre 1823 nach Tirol kam. Er wurde dabei von der Bevölkerung so herzlich empfan-

gen, dass er mit Tränen in den Augen zu Graf Karl Chotek gesagt haben soll: »So wie in Tirol bin ich nirgends, auch nicht in Wien, empfangen worden.«[11]

Nach seiner Zeit in Tirol war Karl Chotek 16 Jahre lang Oberstburggraf von Böhmen gewesen und hatte hier seinen Beitrag zur Verschönerung von Prag, unter anderem durch die Pflanzung eines Volksgartens, geleistet. Durch bessere Straßen, neue Wasserleitungen und andere Infrastrukturmaßnahmen wurde Prag wieder zum strahlenden Mittelpunkt Böhmens. Die Badeorte Franzensbad, Marienbad und Karlsbad erlebten unter ihm einen Aufschwung. Doch im fernen Wien im Konferenzministerium wurden seine Aktivitäten wenig geschätzt. Der ehrgeizige Metternich bezeichnete Chotek als »ein Rad, das zu schnell laufe«,[12] und fand Unterstützung bei seinem Kollegen Kolowrat. Durch ein Intrigenspiel gelang es beiden, Chotek zum Rücktritt zu bewegen.

Im Jahre 1842 schied Chotek aus der Verwaltung aus und widmete sich mehr seiner Familie. Er war glücklich mit der geborenen Gräfin Marie Berchtold verheiratet und verbrachte die Sommer auf seinem Alterswohnsitz in Großpriesen. Er hatte das verfallene Gut, das in einem schönen Wald am Elbufer bei Aussig (unweit von Dresden) lag, 1843 vom Grafen Harrach erworben und auf dem Grund ein hübsches Schloss errichten lassen. Schloss Großpriesen und die anderen chotekschen Güter in Ciwitz und Zahorzan wurden von seinem ältesten Sohn Anton verwaltet, der bereits Anfang der 50er-Jahre eine Familie gegründet hatte. Den Winter verbrachte Karl Chotek ab 1851 14 Jahre lang bei seinem jüngeren Sohn Bohuslav an dessen jeweiligem Dienstort. So hatte er die Städte Berlin, London, Sankt Petersburg und Dresden kennen gelernt.

Seinen 80. Geburtstag im Jahre 1863 hatte Graf Karl Chotek noch im Kreise der Familie auf Schloss Großpriesen gefeiert, doch dann wurde er matter und stiller und stellte seine Winterbesuche im Ausland ein. Mitte Dezember 1868 begann er zu kränkeln. Sein Bewusstsein, die Kraft und die Heiterkeit seiner Seele hingegen blieben ungetrübt bis zu seinem Tode. Sophie sollte ihren Großvater, von dem sie die prachtvollen leuchtenden braunen Augen geerbt hatte, nie richtig kennen lernen.

Sturz beim »Regierungsspiel«

Während die Familie Chotek um den Großvater trauerte, herrschte zur gleichen Zeit im Haus des Erzherzogs Karl Ludwig etwas festlichere Stimmung. Nicht nur des Weihnachtsfestes wegen. Quasi als verspätetes Weihnachtsgeschenk bekamen Erzherzog Franz Ferdinand und sein jüngerer Bruder Otto in der Nacht des 27. Dezember 1868 einen weiteren kleinen Bruder, der auf den Namen Ferdinand Karl Ludwig getauft wurde. Mit der Geburt des dritten Sohnes war die Dynastie gesichert. Es bestand auch keine Gefahr mehr, dass die Familie durch die ehrgeizigen Pläne des kinderlosen Onkels Kaiser Maximilian von Mexiko auseinander gerissen wurde, denn dieser war 1867 ermordet worden.

Wie jedes Jahr verbrachte die Familie Erzherzog Karl Ludwigs Weihnachten mit ihren Verwandten aus der regierenden Linie und ihren Großeltern. An einem Weihnachtstag vertreiben sich die Erzherzöge mit einem kleinen »Regierungsspiel« die Zeit. Der 10-jährige Kronprinz Rudolf übt für seine künftige Funktion und erhebt den in einem großen Sessel sitzenden Franz Ferdinand zum König. Alle anderen Cousins spielen Minister. Aber als Franz Ferdinand sich erheben will, um seinen Statthalter zu ernennen, fällt er zu Boden und die versammelte Familie bricht in lautes Gelächter aus. Nur Kronprinz Rudolf sagt bedenklich: »Das ist kein gutes Vorzeichen, wenn eine Majestät vom Throne fällt.«[13]

Und Rudolfs Unken sollte sich als prophetisch erweisen. Für Franz Ferdinand beginnen härtere Zeiten. Im Mai 1871 ist die Kindheit zu Ende. Wenige Monate nach der Geburt einer kleinen Tochter, Erzherzogin Margarethe, erliegt Franz Ferdinands Mutter Erzherzogin Maria Annunziata ihrer Lungenkrankheit, die sie Jahre gequält hatte. Zwar trifft der Tod der Mutter den sieben Jahre alten Franz Ferdinand nicht sehr, da er sie wegen ihrer schweren Krankheit kaum hatte kennen lernen können, doch der plötzliche Verlust eines Familienmitgliedes ist dennoch eine Zäsur. Sein Vater ist kurz vor seinem 38. Geburtstag zum zweiten Mal Witwer geworden. Diesmal bleibt Erzherzog Karl Ludwig mit vier Kindern zurück, von denen das jüngste noch nicht einmal ein Jahr alt ist.

Der »Ernst des Lebens« beginnt

Im Sommer 1871 beginnt für den 7-jährigen Erzherzog Franz Ferdinand der Unterricht. Ein Team von Lehrkräften unter der Leitung des Grafen Degenfeld kümmert sich um die angemessene Erziehung des Erzherzogs. Der Unterricht beginnt nach der heiligen Messe um 7 Uhr früh und erstreckt sich mit Unterbrechungen bis in den Abend. Neben Lesen, Schreiben, Rechnen und Deutschunterricht stehen auch Geografie, Zeichnen, Geschichte und verschiedener Sportunterricht wie Fechten, Reiten, Tanzen, Turnen, Schwimmen auf dem Programm.
Der Enthusiasmus des erzherzoglichen Sprösslings für die Schule ist begrenzt. Oft ist er unaufmerksam, und er lernt nur widerwillig, während seine Geschwister frei von Zwängen durch das Haus tollen. Zu verschiedenen Anlässen erhält er deshalb von seinen Lehrern, insbesondere von seinem Religionslehrer Godfried Marshall und dem Oberlehrer Graf Degenfeld, lange Briefe, in denen er höflich, aber bestimmt zum Bravsein aufgefordert wird. »Ich hoffe mich nicht zu irren, wenn ich annehme, dass Sie Herr Erzherzog sich ... des Versprechens erinnert haben, dass Sie vor Ihrer Abreise gegeben (haben), nämlich dem Herrn Papa viel Freude dadurch zu machen, dass Sie recht, aber recht brav sind«, schreibt ihm sein Religionslehrer Marshall am 17. Juni 1871, als sich Franz Ferdinand mit seiner Familie auf einer Reise befindet.[14] Marshall ermuntert ihn gleichzeitig noch mehr zu lernen. »Ich bin auch fest überzeugt, dass Sie sich wieder alle Mühe geben das Versäumte aufzuholen und mit den durch die

Reisen gestärkten Kräften das Neue schneller zu erfassen.« Zwei Jahre nach dem Tod Maria Annunziatas geht Erzherzog Karl Ludwig zum dritten Mal innerhalb von 16 Jahren auf Brautschau. Er war ein Fan der Ehe. Seinem Hofkapellmeister, der insgesamt viermal verheiratet und verwitwet war, riet Karl Ludwig jedes Mal erneut, er möge seine Häuslichkeit durch eine erneute Heirat wiederherstellen. Für ihn verhielt es sich nicht anders. Er war ein Familienmensch und zu einer Familie gehörte nun mal eine Ehefrau, eine treue Gefährtin, die ihm nicht nur seelisch beistand, sondern seinen kleinen Kindern die Mutter ersetzte und dem erzherzoglichen Haushalt vorstand.

Aber wo gab es die Prinzessin, die diese Rolle ausfüllen konnte? Wieder fällt seine Wahl auf ein Mitglied eines südlichen exilierten Königshauses. Diesmal ist es die junge Prinzessin Marie Therese von Braganza, Tochter des Königs Dom Miguel von Portugal, Herzog von Braganza. Die zierliche Frau ist ausgesprochen hübsch, ebenso wie Erzherzogin Maria Annunziata ein eher dunklerer Typ mit großen ausdrucksvollen dunklen Augen und einem netten Lächeln. Mit 17 Jahren und 11 Monaten ist sie 23 Jahre jünger als ihr Ehemann und nur 8 Jahre älter als ihr ältester Stiefsohn, Franz Ferdinand. Die Hochzeit findet am 23. Juli 1873 in Kleinheubach, dem Geburtsort Marie Thereses, statt.

Mit dieser Verbindung kreuzten sich erstmals die Wege der Familie des jungen Erzherzogs Franz Ferdinand und der Familie seiner zukünftigen Frau, Gräfin Sophie Chotek. Die nunmehrige Erzherzogin Marie Therese und jetzige Stiefmutter Franz Ferdinands war nach dem Tod ihres Vaters im Hause dessen Schwagers Fürst Karl Löwenstein-Wertheim-Rosenberg und seiner Frau Sophie, einer geborenen Prinzessin von Liechtenstein, auf Schloss Bronnbach in Baden aufgewachsen. Sophie Liechtenstein wiederum war eine Cousine zweiten Grades von Wilhelmine Kinsky, der Mutter der zukünftigen Thronfolgergemahlin.

Die neue Mutter

Bei der Hochzeit des Vaters sind der 9-jährige Franz Ferdinand und sein zwei Jahre jüngerer Bruder Otto nicht dabei. Erst zwei Wochen nach der Hochzeit, als Erzherzogin Marie Therese mit dem Vater von ausgedehnten Hochzeitsfeierlichkeiten in Kleinheubach und Wien ins Sommerschloss Wartholz zurückkehrt, haben die Kinder Gelegenheit, die neue Stiefmutter in Augenschein zu nehmen.

Die junge Marie Therese besteht den Test mit Auszeichnung. Der lebhafte Otto mag die neue Mutter, die im Gegensatz zur leiblichen umarmt werden darf, genauso gerne wie der ruhigere und schwierigere Franz Ferdinand. Die erst dreijährige Schwester Margarethe hat an ihre leibliche Mutter sowieso wenig Erinnerung. Alle Kinder schenken ihrer »lieben Mama« verehrungsvolle Zuneigung.

Insgesamt entpuppte sich die neue Erzherzogin als Glücksgriff für den Erzherzog. Sie war nicht nur eine vorbildliche Mutter für die vier halbverwaisten Kinder ihres Ehemannes, sondern auch die lebhafte Ehefrau, die sich der Erzherzog immer gewünscht hatte. Anders als Maria Annunziata, deren schwere Krankheit ein normales gesellschaftliches Leben unmöglich gemacht hatte, nahm Marie Therese regen Anteil am Leben ihres Mannes. Sie war klug und eine angenehme Gesprächspartnerin, die sich aber trotzdem nicht in den Vordergrund spielte wie manche intelligente Frauen in der Familie, die ihre weniger begabten Ehemänner überstrahlten und dominierten.

Nach zwei Ehen hatte Erzherzog Karl Ludwig nun endlich das Familienglück, nach dem er immer gesucht hatte. Auch wenn eine Vertraute der Kaiserfamilie in ihren Memoiren Erzherzog Karl Ludwig als »dicken, alten Mann mit brutalen Instinkten«[15] bezeichnete, der seine Frau bis aufs Blut gepeinigt habe, war er anderen Darstellungen zufolge eher ein Mann gleichmütigen Temperaments. Sollte er tatsächlich zu Zornausbrüchen geneigt haben, hat Marie Therese diese sicherlich mit der stoischen Gelassenheit vieler Ehefrauen hingenommen und die daraus resul-

tierenden negativen Energien durch andere Aktivitäten, beispielsweise mit einem langen Spazierritt, kanalisiert. Erzherzogin Marie Therese war eine ausgezeichnete Reiterin, die es an Kühnheit durchaus mit Kaiserin Elisabeth aufnehmen konnte. In Hofkreisen kursierte die Anekdote, dass sie an einem Tag von Schloss Reichenau nach Güns ohne Aufenthalt geritten sei, immerhin eine Strecke von ungefähr 250 Kilometern.
Mit der Ankunft Marie Thereses in die Familie bekommt das künstlerische Leben auch einen größeren Stellenwert. Sie teilt die Liebe zum Theater mit ihrem kunstsinnigen Gemahl, der regelmäßig Theateraufführungen besucht. Neu ist, dass die Familie von passiven Kunstkonsumenten zu aktiven Darstellern wird. Die Hauptrollen in den kleinen Dramoletten oder Lustspielen, die der kaiserlichen Verwandtschaft dargeboten werden, übernehmen meist Otto und der jüngste Bruder Ferdinand Karl. Franz Ferdinands schauspielerische Begabung ist geringer, doch im Dramolett »Die Huldigung der Blumen«, das 1876 anlässlich des Namenstags des Kaisers aufgeführt wird, spielt er die Rolle des Rittersporns und spricht, seiner Rolle gemäß kostümiert, folgende Worte:

»Der Name macht den Ritter nicht,
Es macht ihn nicht das Kleid,
Doch Muth und treu erfüllte Pflicht,
Schmückt ihn zu jeder Zeit.
Ich gebe dir zum Angebind
Mein treues Ritterwort,
Dass du mich ritterlich gesinnt
Sollst finden fort und fort.

Den Schwächern will ein Hort ich sein,
Dem stolzen Feind ein Dorn,
Und nur das Gute, nie der Schein,
Das sei mir Ritter – Sporn!«

Erzherzog Karl Ludwig, der Vater Franz Ferdinands, mit seiner dritten Frau, Erzherzogin Maria Theresia

Dem »Rittersporn« folgen Erzherzog Ferdinand Karl als »Edelweiß«, Erzherzogin Margarethe als »Enzian« und schließlich Erzherzog Otto als »Türkenbund«. Das Dramolett endet mit den von allen gemeinsam gesprochenen Worten: »Wir wollen alle uns bemühen, dir nur zur Freude stets zu blühen!«[16] Auch die Eltern stellen bei diesen Gelegenheiten ihre darstellerischen Qualitäten unter Beweis. Erzherzog Karl Ludwig tritt beispielsweise 1878 bei einer Geburtstagsfeier als Feldhüter in dem Schwank »Er muss taub sein« auf, während seine Frau Erzherzogin Marie Therese an demselben Abend im aufgeführten Lustspiel »Erlauben Sie, gnädige Frau« eine tragende Rolle spielt.

Die Este-Erbschaft

Kurz vor seinem 12. Geburtstag macht Franz Ferdinand eine folgenreiche Erbschaft. Als Franz V., der Herzog von Modena aus dem Hause Österreich-Este, stirbt, setzt er zur Überraschung vieler den jungen Erzherzog als seinen Erben ein. Auch wenn das Herzogtum in Modena seit 1860 verloren war, wollte Franz V. den Thronanspruch darauf nicht aufgeben und führte den »Hof« im Exil weiter, auch wenn eine Rückerlangung der Gebiete höchst illusorisch war. Mit der Annahme der Erbschaft, die hauptsächlich aus Ländereien bestand, ist die Bedingung verbunden, dass Franz Ferdinand den Titel »Este« führt. Dies geschieht und so nennt er sich ab sofort »Erzherzog Franz Ferdinand von Österreich-Este«.
Wichtiger als sein neuer Titel ist aber der Umstand, dass er im Jahre 1876 einen neuen Lehrer bekommt, dem es endlich gelingt, seine Aufmerksamkeit zu wecken. Der aus Ostfriesland stammende Historiker Onno Klopp unterrichtet ihn im Fach Geschichte. Anders als seine Kollegen verwendet Klopp dafür keine Lehrbücher, sondern bringt dem jungen Schüler das Tun seiner Vorfahren von Rudolf I. bis zu Karl V. anhand interessant gestalteter, frei vorgetragener Referate nahe. Diese leben-

dige Lehrmethode reißt Erzherzog Franz Ferdinand aus seiner akademischen Lethargie. Er hört den Vorträgen mit so großer Aufmerksamkeit zu, dass er das Gehörte bald sogar mit eigenen Worten wiedergeben kann.

Leben als Diplomatenspross

Das Leben seiner zukünftigen Gemahlin Gräfin Sophie Chotek ist derweil von ständigen Ortswechseln gekennzeichnet. Im Alter von fünf Jahren hatte sie bereits in Stuttgart, Sankt Petersburg, Prag, Madrid und Brüssel gewohnt. Selbst mit dem Tod hatte sie in ihrem kurzem Leben schon Bekanntschaft gemacht. Ihre kleine Schwester Therese, die im Jahr 1871 geboren wurde, war nach nur wenigen Monaten gestorben.

Ihr Vater, Graf Bohuslav Chotek, hatte im September 1871 den Posten des provisorischen Statthalters der Regierung Hohenwart in Prag angenommen, diesen aber weniger als zwei Monate ausgeübt, da die Regierung Hohenwart schnell durch die Regierung Holzgethan abgelöst wurde. Bohuslav kehrte wieder in den diplomatischen Dienst zurück, allerdings nicht an die Gesandtschaft Sankt Petersburg, in die er eigentlich ein Rückkehrrecht hatte, sondern an den spanischen Hof nach Madrid, wo der Amtsinhaber in den Ruhestand getreten war und die Gesandtschaft dringend einen Chef brauchte.

Familie Chotek zieht also ins entfernte Madrid, aber sie fühlen sich in Spanien nicht wohl. Das Leben ist teurer als in Petersburg und die Erzieher der Kinder und die Verwaltung der Herrschaft Ciwitz im weit entfernten Böhmen verursachen Kosten, die sich mit dem jährlichen Gehalt von 6300 Gulden und 23600 Gulden Funktionszulage nicht decken lassen. Chotek bittet deshalb mehrmals Außenminister Graf Andrássy um Versetzung an einen anderen Dienstort. Als der belgische Gesandte in Brüssel in einen peinlichen Vorfall verwickelt ist, wird ein Postentausch arrangiert. Dieser nimmt Choteks Posten in Madrid an, während sich Chotek mit seiner schwangeren Frau und der auf

sechs Kinder angewachsenen Familie auf eine Übersiedelung nach Brüssel vorbereitet.
Weihnachten 1872 trifft die Familie Chotek ein weiterer Schicksalsschlag. Innerhalb weniger Tage sterben erst Wilhelmines Mutter Gräfin Marie Kinsky und dann eine Tante Bohuslavs, die Stiftsdame Therese Chotek, nach der das letzte, nach wenigen Monaten verstorbene Kind, benannt worden war. Die Regelung der Verlassenschaften nimmt einige Zeit in Anspruch. Zeit, die fehlt, um einen adäquaten Wohnsitz in Belgien zu beschaffen. Die Wohnung des Vorgängers kann nicht übernommen werden, da dieser keine Familie hatte, und die 8-köpfige Familie lebt so einige Zeit in verschiedenen Hotels. Zu den Wohnungsproblemen gesellen sich Geldsorgen, denn die Kosten für den Umzug der Familie sind teuer und müssen aus eigener Tasche bezahlt werden. Es bleibt daher Graf Bohuslav Chotek nichts anderes übrig als ein Bittschreiben an das Außenministerium zu richten. »Ich darf mich daher der Hoffnung hingeben, ... um den Ersatz jener Kosten zu bitten, welche mir ... anlässlich des Gesandtenwechsels entstanden sind und noch entstehen werden.«[17] Ob das Außenministerium positiv auf seine Bitte reagiert hat, lässt sich nicht feststellen. In den Akten fehlt ein entsprechender Vermerk.
Schon vor längerer Zeit hatte Graf Bohuslav Chotek mit den Geldproblemen Bekanntschaft gemacht, die die meisten österreichisch-ungarischen Diplomaten plagten. Das Budget für auswärtige Angelegenheiten musste sowohl vom ungarischen als auch vom österreichischen Parlament genehmigt werden und damals wie heute sahen Politiker Ausgaben für diese Einrichtungen eher als unnötig an. Die Folge dieser kleinlichen Sparpolitik war eine vergleichsweise schlechte Besoldung der Diplomaten, die ihre hohen Lebenshaltungskosten und Ausgaben für Empfänge und andere Festlichkeiten mit Mitteln aus eigenem Vermögen decken mussten. Die meisten Diplomaten, die aus mehr oder weniger vermögendem Adel kamen, verloren über die zum Teil erheblichen finanziellen Belastungen, mit denen sie durch die Ausübung ihres Berufs konfrontiert waren, wenig

Die junge Sophie Chotek

Worte. Es war eine Selbstverständlichkeit, dass man in die eigene Schatulle griff, um das heimatliche Kaiserhaus angemessen zu repräsentieren. Nicht wenige Diplomaten standen deshalb am Ende ihrer Karriere vor dem finanziellen Ruin, beschleunigt durch den Ehrgeiz den Job möglichst gut zu machen und dem Kaiserhaus den größtmöglichen Dienst zu erweisen. Zudem besaßen die meisten Aristokraten kein Talent, sondern eine Abneigung für finanzielle Angelegenheiten. Über Geld sprach man eben nicht, das hatte man einfach.
Nach fast 30 Jahren im Dienste der österreichisch-ungarischen Diplomatie war das Vermögen des Grafen Bohuslav Chotek erheblich geschmolzen. Mit 50 Jahren war er zu alt, um eine andere Berufslaufbahn einzuschlagen. Sein kurzes Gastspiel in der Politik (unter der Regierung Hohenwart) hatte er schon hinter sich und sein Grundbesitz, der aus der Herrschaft Ciwitz bestand, warf wenig ab. Eine kaufmännische Laufbahn schickte sich für einen Adeligen seines Standes nicht. Für ihn selber war es zu spät für einen Berufswechsel, aber für seinen Neffen Karl, der gerade erste Berufserfahrungen im diplomatischen Dienst sammelte, nicht. Er machte ihn auf die finanziellen Belastungen aufmerksam und riet ihm vom Diplomatenberuf ab. In einem Schreiben vom 22. Januar 1879 erklärt Graf Karl Chotek daher in einem Schreiben an das kaiserliche Ministerium des Äußeren: »Wie meine finanziellen Verhältnisse zurzeit sind, glaube ich eben nichts anderes thun zu können als um die Enthebung vom diplomatischen Dienste zu bitten.«[18]

Karrierechance am belgischen Hof

Abgesehen von Problemen mit der Finanz erfüllt Graf Bohuslav Chotek seine Aufgabe am belgischen Königshof mit großem Eifer und verfasst eine Vielzahl politischer Berichte für das Ministerium. Das Schreiben der Berichte war die zeitraubendste Arbeit eines Diplomaten, weniger des Inhalts wegen, sondern weil diese ausschließlich in Handschrift mit großen Buchstaben verfasst werden mussten. Alle politischen Berichte wurden dem Kaiser vorgelegt, der keine Maschinenschrift mochte. Der Chef der Gesandtschaft schrieb den Bericht vor, während seine Angestellten ihn in Schönschrift mit großen Buchstaben ins Reine schrieben. Oft waren die Botschaftsangestellten bis in den frühen Morgen mit der Reinschrift beschäftigt.

Choteks Netzwerk aus Kontakten ist schnell etabliert. Bei seinen Kollegen im diplomatischen Korps ist er beliebt und das belgische Königspaar Leopold und Marie Henriette respektieren den umtriebigen Gesandten. Seine Frau Wilhelmine erfüllt die Rolle der Diplomatengattin perfekt. Ihre angenehme Persönlichkeit ist ein Pluspunkt für den Gatten. Zwischen Gräfin Wilhelmine Chotek und der belgischen Königin entwickelt sich eine aufrichtige Freundschaft. Als im Mai 1878 ein neuer Rennplatz eröffnet wird, verlässt der belgische König sogar extra seinen Pavillon, um auf Bohuslav Chotek zuzugehen und ihn anzusprechen. Die beiden unterhalten sich über die weltpolitische Lage und der König soll »ihm viel Schmeichelhaftes über die Bemühungen Österreich-Ungarns zur Erhaltung des Weltfriedens, über den Ausgleich der beiden Reichshälften, über den wirtschaftlichen und kulturellen Aufschwung der Monarchie und den Anteil des Kaisers an all diesem Fortschritt gesagt haben«.[19]

Beruflich scheint Graf Chotek die große Stunde zu schlagen. Nach einer Reihe von Geheimtreffen in Wien und Prag mit dem Kaiser, dem Minister des kaiserlichen Hauses und Kronprinz Rudolf erhält er die ehrenvolle Aufgabe, mit dem belgischen Königshaus Heiratspläne zu sondieren. Dies ist die große Chance seiner Karriere. Wenn es ihm gelingt, den noch unverheirateten österreichischen Kronprinzen Rudolf mit der jungen belgischen Prinzessin Stephanie zu verheiraten, ist alles möglich, vielleicht sogar die Erhebung zum Fürsten durch einen dankbaren Kaiser.

Graf Chotek bittet deshalb um eine Audienz mit dem belgischen Königspaar, die sich mit dem Vorschlag durchaus anfreunden können. Während die Königin Graf Chotek ehrlich mitteilt, dass ihre Tochter »weder Fleisch noch Fisch sei« und in ihrer

körperlichen Entwicklung zurückgeblieben, zeigt sich König Leopold begeistert und geschmeichelt. »Er schien über meine Mitteilung ganz entzückt und bat mich in gehobener Stimmung, vor allem Euer Majestät tiefergebenen Dank auszusprechen für die zarte und freundliche Behandlung des Gegenstandes und dafür, dass Allerhöchstdieselben den Blick auf seine Tochter zu werfen und dieser Verbindung, wenn sie Seiner kaiserlichen Hoheit dem Kronprinzen zusagen würde, die eventuelle Zustimmung allergnädigst zu gewähren geruht haben«,[20] schreibt Graf Chotek in seinem politischen Bericht an das Außenministerium.
Es wird also ein Brautschaubesuch für den Kronprinzen im März 1880 vorbereitet. Die Mission ist jedoch eine heikle – was passiert, wenn die Prinzessin Rudolf nicht gefällt? Schließlich hatte er ja schon mehrere Bräute, darunter die spanischen Infantas und die beleibte Mathilde von Sachsen wegen deren wenig ansprechenden Äußeren abgelehnt. Da Prinzessin Stephanie ebenfalls nicht als Schönheit gilt, besteht die Gefahr, dass in Brüssel dasselbe passiert. Und dann ist nicht nur Rudolfs Heirat, sondern unter Umständen auch Choteks Karriere und seine ausgezeichneten Beziehungen zum belgischen Königshaus ruiniert. Graf Chotek weist deshalb darauf hin, dass es sich beim bevorstehenden Besuch nur um eine »bedingungsweise Brautschau« handelt. Im Falle einer »negativen Appréciation« seitens des Kronprinzen würde das Projekt ohne weiteres Resultat abgeschlossen werden. Das Königspaar akzeptiert dies.
Am 4. März 1880 fährt Chotek Kronprinz Rudolf bis Köln entgegen und gemeinsam erreichen sie am darauf folgenden Tag um 17 Uhr Brüssel. Bei einem intimen Familiendiner treffen sich der Kronprinz und die Prinzessin das erste Mal. Es ist besonders für Kronprinz Rudolf ein bedeutendes Treffen, da er die Prinzessin nur aus blumigen Beschreibungen, nicht aber von Bildern kannte. Er ist, wenngleich nicht hingerissen, zumindest angetan von der Persönlichkeit der kaum 15-jährigen Stephanie. Der nächste Tag geht mit einer Stadtbesichtigung, einem Gala-Hofdiner und einem Opernbesuch vorbei. Die Spannung steigt. Am Sonntag soll sich das zukünftige Schicksal des Kronprinzen ent-

scheiden. Nach einer Messe um 10 Uhr und der darauf folgenden Besichtigung findet ein Dejeuner (Frühstück) statt, bei dem sich zeigen wird, ob der Kronprinz die belgische Braut wirklich heiraten will oder ob er sich ohne größeres Aufheben verabschieden wird.
Zu diesem Dejeuner sind auch Graf und Gräfin Chotek sowie die beiden ältesten Töchter Sidonie (Zdenka) und Maria (Rischel) geladen. Die 12-jährige Sophie aber, die die Frau des nächsten Thronfolgers werden sollte, bleibt mit ihren jüngeren Geschwistern zu Hause. Graf Chotek sitzt bei diesem Dejeuner neben Prinzessin Stephanie und beschreibt die Konversation mit ihr als ebenso »rührend kindlich als geistreich tactvoll und über ihre Jahre«.[21] Nach dem Essen begeben sich Rudolf und Stephanie alleine ins Nebenzimmer, wobei die Türen weit geöffnet bleiben, um die Schicklichkeit zu wahren.
Kronprinzessin Stephanie beschrieb in ihren Memoiren die nun folgenden Ereignisse: »Er küsste mir die Hand, sprach mich deutsch an und erzählte mir von meiner Schwester Louise, die er verehre. Dann sagte er mir einige schmeichelhafte, aber sehr förmliche Worte, und schon nach einigen Minuten stellte er die große Frage, die über unsere Zukunft entscheiden sollte. Hierauf reichte er mir den Arm, und so näherten wir uns meinen Eltern und baten Sie, unsere Verlobung zu segnen. Hocherfreut küssten sie ihren zukünftigen Schwiegersohn und erlaubten uns, fortan Du zu sagen.«[22]
Wenn dies auch nicht der romantischste Beginn einer Ehe war, so schien es doch ein viel versprechender Anfang zu sein. Es war einer 15-jährigen Prinzessin gelungen, den notorisch kritischen Kronprinz Rudolf zu beeindrucken und von ihm einen Heiratsantrag zu erhalten. Stephanie war Prinzessin genug, um zu wissen, dass man ein Angebot des zukünftigen Kaisers von Österreich nicht ablehnen durfte (ihr Vater hatte ihr es aber zur Sicherheit auch noch am Vorabend des Kronprinzenbesuchs eingeschärft). Also akzeptierte Prinzessin Stephanie den Antrag des Kronprinzen, denn »es genügte mir, dass Mama mir sagte, wie ausgezeichnet und distinguiert er sei, um nicht einen Augenblick

zu zögern, ihm das ›Ja‹ zu geben, um das er mich bat«,[23] zitierte Bohuslav Chotek die Prinzessin in seinem politischen Bericht an Kaiser Franz Joseph. Der Diplomat hatte Grund mit sich zufrieden zu sein, sein schwieriges Vorhaben war geglückt.

Eine Woche später gibt es in Brüssel Aufregung. Kaiserin Elisabeth, die in England auf der Jagd weilt, will bei ihrer Rückkehr einen kurzen Zwischenstopp machen, um den Verlobten zu gratulieren, und kündigt dies bei der Gesandtschaft an. So weit, so gut. Ihre Ankunftszeit, die sie auf morgens um 7 Uhr festsetzt, stellt das Personal allerdings vor erhebliche protokollarische Probleme. Kann man angesichts der Uhrzeit davon ausgehen, dass es ein inoffizieller Besuch ist, oder geht die Kaiserin davon aus, dass sie dem Zeremoniell gemäß empfangen wird? Was soll man zu so früher Zeit zu essen anbieten? »Man weiß ja nicht einmal, was für eine Mahlzeit man zu so einer Stunde servieren lassen soll, ein Frühstück oder ein Souper!«,[24] klagt der Oberst-hofmarschall Graf van der Straten.

Man entscheidet sich schließlich für das gesamte Zeremoniell. Die Kaiserin wird vom Brautpaar und dem belgischen Königspaar am Brüssler Nordbahnhof empfangen. Als sie nach 11 Uhr Brüssel wieder verlässt, geht ein kollektives Aufatmen durch die Gesandtschaft.

Bis zur Hochzeit ist noch viel zu tun. Um die junge Prinzessin Stephanie auf das Hofleben vorzubereiten, werden für sie Tanzsoireen mit jungen Herren und Mädchen des Adels gegeben, an denen die 18-jährige Zdenka und die 16-jährige Rischel teilnehmen. Außerdem soll die zukünftige Kronprinzessin von Österreich-Ungarn die Sprachen des Reichs lernen. Deutsch spricht sie gut, auch weil ihre Mutter eine Österreicherin ist. Um Ungarisch zu erlernen, besorgt Chotek den passenden Lehrer, der aber schon bald mit dem kargen Gehalt, das ihm König Leopold bezahlt, kein Auskommen findet. Chotek vermittelt in dieser Angelegenheit, was bedeutet, dass er abwechselnd zum König geht, um für den Lehrer ein etwas angemesseneres Gehalt zu verlangen, und den Lehrer von der Entscheidung des Königs, ihm nicht mehr zu zahlen, in Kenntnis setzt, ihn aber gleichzeitig beschwört, doch im Namen Österreichs die zukünftige Kronprinzessin weiterhin in der ungarischen Sprache zu unterrichten.

Die Hochzeit des Kronprinzen Rudolf

Im Juli 1880 entbindet Gräfin Wilhelmine Chotek in Adlerkosteletz mit 41 Jahren ihr achtes Kind. Es ist wieder ein Mädchen und wird nach der belgischen Königin Marie Henriette benannt.

Die kleine Marie Henriette wird das letzte Kind der Choteks sein, der erstgeborene Wolfgang ist inzwischen schon fast 20 Jahre alt.

Nach der Geburt kann sich die Familie auf die Hochzeitsfeierlichkeiten vorbereiten, bei denen sie aktiv beteiligt sind, Bohuslav in seiner Rolle als Gesandter, der die Verbindung eingefädelt hat, und Wilhelmine als offizielle Begleiterin der belgischen Königin.

Am Donnerstag, dem 5. Mai 1881, fährt das Ehepaar Chotek gemeinsam mit dem belgischen Königspaar von Brüssel nach Salzburg. Beim Diner kurz nach der Ankunft in Salzburg sitzt Wilhelmine sogar an der Allerhöchsten Tafel neben dem belgischen Botschafter, nur wenige Plätze vom belgischen König entfernt. Am großen Hofball, der am Samstag, dem 7. Mai 1881, stattfindet, begegnet das Ehepaar Chotek wahrscheinlich ihrem zukünftigen Schwiegersohn Erzherzog Franz Ferdinand ohne zu wissen, welche Rolle er im Leben ihrer Tochter spielen wird.

Am Dienstag, dem 10. Mai 1881, heiraten Kronprinz Rudolf und Prinzessin Stephanie in der Augustinerkirche. Unter allen Erzherzogen sitzend verfolgt Franz Ferdinand die Hochzeit seines um fünf Jahre älteren Cousins. Spätestens zu diesem Zeitpunkt ist auch das Ende der eigenen Kindheit eingeläutet. Mit der Vollendung des 15. Lebensjahres hat er einen vollständigen Hofstaat zur Seite gestellt bekommen und als fast 20-jähriger schließt er im Dezember 1883 seine Ausbildung ab. Um seine »Maturareise« muss er aber kämpfen. Erst nach langem Drängen erteilt der Kaiser die Bewilligung zu einer Auslandsreise nach Oberitalien, mit der Bedingung, dass der junge Erzherzog »vollkommen inkognito« reist. Der Kaiser will politische Komplikationen vermeiden, die entstehen würden, wenn sich ein Erzherzog von Modena in der Nähe seiner umfangreichen, aber verschuldeten Erbgüter blicken ließe. So verreist Franz Ferdinand mit 20 Jahren zum ersten Mal. Seine zukünftige Gemahlin Gräfin Sophie Chotek hingegen hat mit ihren 14 Jahren schon in Stuttgart, Sankt Petersburg, Spanien und Belgien gelebt, von ihren Sommerurlauben im heimischen Böhmen ganz abgesehen.

Wieder nach Österreich zurückgekehrt, beginnt Franz Ferdinand seinen Truppendienst in Enns. Seine militärische Laufbahn hatte am 25. April 1878 mit der Ernennung zum Leutnant im 32. Infanterieregiment begonnen. Da er zu diesem Zeitpunkt nicht einmal 15 Jahre alt war, bestand seine Funktion nur auf dem Papier. Zwei Jahre später besuchte er zum ersten Mal das Regiment, das Kronprinz Rudolf kommandierte. »Ich bin so froh, dass ich bei diesem Schritt, den du heuer in die Armee machst«, schrieb ihm Kronprinz Rudolf anlässlich dieser Gelegenheit, »bei dieser ersten Berührung mit jenem Stand, in dem du einmal leben und arbeiten wirst, zugegen sein kann, und dass das Offizierkorps jenes Regiments, das zu kommandieren ich die Ehre habe, das Erste ist, welches du näher kennen lernen wirst.«[25]

Im beginnenden Erwachsenenleben kreuzen sich vermehrt die Wege der jungen Habsburger mit Mitgliedern der Familie Chotek, vor allem bei Jagdaufenthalten in Böhmen. Erzherzog Franz Ferdinand und Kronprinz Rudolf jagen oft bei Sophies Onkel Graf Rudolf Chotek, der im eleganten, im Empirestil erbauten Schloss Neuhof in Kacina bei Kuttenberg, das als einer der prachtvollsten Landsitze Böhmen gilt, residiert. Ein anderer Onkel Sophies, der elegante Graf Otto Chotek, ist ebenfalls ein beliebter Jagdgeselle.

Uniformbildnis Franz Ferdinands als Rittmeister im Dragonerregiment Nr. 4

Auch bei Bällen begegnen sich Habsburger und Choteks. Im Jahr 1882 besucht Erzherzog Franz Ferdinand nur einen einzigen Ball, den Augartenball, wo er mit Gräfin Zdenka Chotek, Sophies ältester Schwester, tanzt. Die ebenfalls anwesende jüngere Schwester Rischel ist aber die Komtess, die ihm von allen anwesenden Frauen am besten gefällt, erzählt Franz Ferdinand seinem Begleiter Graf Wallis. Lange nachdem die schöne Rischel geheiratet hat, nimmt er über ihren Ehemann Graf Jaroslav Thun wieder den Kontakt zu ihr auf.
Bei all den Zerstreuungen, die das Erwachsenenleben bietet, fällt es Franz Ferdinand schwer, dem Truppendienst die gehörige Aufmerksamkeit zu widmen. Kronprinz Rudolf ist ihm in dieser Hinsicht keine Hilfe. Als die beiden im Juni 1884 zu einem Militärarrangement aufbrechen, schreibt Rudolf deprimiert an Franz Ferdinand: »Mein einziger Trost ist es, dass du in dieser langweiligen Misere mein Leidensgefährte bist ...«[26] Immer öfter unternimmt Erzherzog Franz Ferdinand Ausflüge nach Wien, über die heftig geklatscht wird. Als das Getuschel überhand nimmt, warnt ihn erst Kronprinz Rudolf. »Ich halte es für meine Pflicht, dich als Freund darauf aufmerksam zu machen«, schreibt Rudolf an seinen Cousin, »dass sich hier eine Agitation in hohen militärischen Kreisen, leider vor allem Allerhöchsten Ortes, geltend macht, die sich gegen deine zu vielen Urlaube und dein zu häufiges nach Wien kommen richtet.« Selbst der Kaiser ist über die Sache bereits informiert und dementsprechend verstört. »Der Kaiser ist ziemlich ungehalten, weniger auf dich, da Er es deiner Jugend zuschreibt als auch auf deinen Regiments-Kommandanten, der dich während der Rekrutenzeit so oft fort lässt, auch ich zur Rede gestellt, warum ich quasi durch zu häufige Einladungen dich vom Regiment weglocke, statt durch weises Einreden auf dich einzuwirken.« Abschließend folgen Ratschläge, wie ein Donnerwetter möglichst vermieden werden kann. »Ich rathe dir nicht nach Gröding zu fahren, bleibe jetzt einige Tage in Enns, komme dann in 14 Tagen einmal auf meine Einladung nach Wien, da kannst du dich auf dieselbe ausreden, und ich werde es schon in Ordnung bringen.«

Rudolf warnt Franz Ferdinand ebenfalls vor Erzherzog Albrecht, dem als an Jahren ältesten Habsburger eine besondere Rolle in der Familie zukommt. Und dann würde der Ärger erst richtig losgehen, prophezeit Rudolf: »Wenn dieser kommt, dann kannst du dich auf Unannehmlichkeiten vorbereiten, wenn du nicht etwas vorsichtiger wirst.« Obwohl Erzherzog Albrecht aus der Linie Karl im Rang weit hinter Erzherzog Franz Ferdinand stand (siehe Diagramm auf Seite 15), kam ihm eine besondere Rolle im Erzhause zu. Als Sieger der Schlacht von Custozza war er als militärischer Ratgeber geschätzt, dazu spielte er ungefragt die Rolle des väterlichen Freundes. Doch Franz Ferdinand scheint den Hinweisen seines Cousins gefolgt zu sein und konnte eine Intervention Albrechts vermeiden.

Heiratsprojekt mit Sachsen

Als Erzherzog Franz Ferdinand im 23. Lebensjahr stand, versuchte man ihn mit der Idee der Eheschließung vertraut zu machen. Es war im Hause Habsburg üblich, die Erzherzöge, besonders aber die Thronerben so früh wie möglich zu verheiraten, um die Dynastie schnell zu sichern. Eine Ehe wurde auch als Mittel gesehen, einen allzu ungestümen Erzherzog zu mehr Verantwortungsbewusstsein zu erziehen. Bei der Auswahl einer potenziellen Gemahlin kam man auf das katholische Haus Sachsen, welches bereits die erste Frau von Franz Ferdinands Vater gestellt hatte. Für Franz Ferdinand war die älteste Tochter Prinzessin Mathilde von Sachsen vorgesehen. Es war kein besonders guter Vorschlag. Obgleich intelligent, war Mathilde erstens eine wohlbeleibte und unansehnliche Frau, die von Zeitgenossen durchwegs als außergewöhnlich plump und »unschön« beschrieben wurde. Zweitens war sie schon einmal einem österreichischen Erzherzog als Braut vorgeschlagen worden, der ihr jedoch mit deutlichen Worten eine Abfuhr erteilt hatte: Kronprinz Rudolf, der mit Franz Ferdinand gut befreundet war. Es

kam, wie es kommen musste. Wie sein Cousin lehnte auch Franz Ferdinand eine Verbindung mit Mathilde ab.
Die fortgesetzte Ablehnung, die Mathilde von Mitgliedern befreundeter Königshäuser erfuhr, blieb nicht ohne Konsequenzen. Die ungewollte Prinzessin tröstete sich mit Essen und war bekannt dafür, dass sie bei Feierlichkeiten am sächsischen Hof immer am meisten vom Buffet aß und in dieser Hinsicht sogar noch den König übertraf, dessen Magenkapazität schon legendär war. Mit der Zeit verbitterte auch ihr Wesen. Sie schmiedete Intrigen und verbreitete böswilligen Klatsch, sodass sie bald als böser Geist der Familie galt und auch bei der Bevölkerung zum unbeliebtesten Mitglied der königlichen Familie wurde. Das Glück in der Liebe blieb ihr versagt, sie sollte niemals heiraten.
Doch zurück zu Franz Ferdinand. Die nochmalige Zurückweisung eines Habsburgers von Mathilde von Sachsen führt zu einer ernsthaften Verstimmung mit dem Hause Sachsen, die nur dadurch behoben werden kann, dass Franz Ferdinands Bruder Erzherzog Otto sich bereit erklärt, Mathildes jüngere Schwester Maria Josepha zu heiraten. Diese plötzliche Verlobung des erst 21-jährigen Otto löst im Familienkreis unterschiedliche Reaktionen aus. Ottos Vater, Erzherzog Karl Ludwig, ist begeistert und erzählt einem Freund: »Ich bin froh, dass Otto heiratet; er ist ein so guter, lieber, junger Mann und sieht seiner Mutter sehr ähnlich.«[27] Kronprinz Rudolf hingegen spricht in einem Brief an Erzherzog Franz Ferdinand ganz offen über seine Bedenken und die seiner Frau Stephanie zu der geplanten Heirat. »Ottos Verlobung hat uns sehr interessiert, erfreut kann ich nicht sagen«, schreibt er, »denn ich halte ihn noch für etwas zu jung, noch nicht genug fertig, er hat das Leben ja noch kaum genossen. ... Die ganze Verlobung ging ja so schnell, er hätte noch einige andere angehen können, warum diese Eile! Doch jetzt ist es zu spät für all' das.«[28] Zudem sieht der kritische Kronprinz Rudolf wieder einmal die Zukunft klarer als alle Beteiligten. Er zweifelt, »ob ihn die Sächsin für die Länge fesseln wird«.[29] Auf seine eigene Vergangenheit mit Maria Josephas ältere Schwester Ma-

thilde anspielend, bemerkt er schließlich abschließend: »Ich hoffe, sie gleicht nicht ihrer Schwester.«[30]

Hochzeiten in beiden Familien

Die Hochzeit Erzherzog Ottos mit Prinzessin Maria Josepha von Sachsen findet am 2. Oktober 1886 in Dresden statt. Gemeinsam mit seinen Geschwistern Franz Ferdinand und Margaretha fährt der junge Bräutigam nach Dresden, wo das jugendliche Brautpaar von der Bevölkerung der Hauptstadt und der Umgebung mit Huldigungen überschüttet wird. Die mehrere Tage dauernden Festlichkeiten sind ein sorgsam inszeniertes, aber keinesfalls für Königshäuser unübliches Spektakel: Aus den umliegenden Dörfern werden Huldigungszüge entsandt und am Vorabend der Trauung bringen nicht weniger als 1200 Sänger dem Brautpaar eine Serenade dar.
Nicht weit von Dresden entfernt feiert man am selben Tag, wenn auch in weniger großem Rahmen, in Prag die erste Hochzeit im Hause Chotek. Die viertgeborene Karoline Maria Olga Elisabeth (Kara) heiratet wenige Tage vor ihrem 21. Geburtstag Graf Leopold Abraham Maria Nostitz, k. u. k. Leutnant der Reserve des Ulanenregiments Graf Nostitz-Rieneck Nr. 13. Die Familie Nostitz hatte schon mehrere Ehepartner für die Choteks gestellt. Zuletzt hatte sich Karas bereits erwachsene Nichte Gräfin Marie Sophie Chotek mit Graf Heinrich Nostitz vermählt. (Da Graf Bohuslav Chotek sich relativ spät vermählt hatte und bis ins hohe Alter hinein Vater wurde, waren seine Kinder im gleichen Alter wie seine Großnichten und Großneffen.)
Die Familie Nostitz hatte bereits 1651 die Reichsgrafenwürde erhalten. Zudem war sie wohlhabend, was bedeutete, dass Kara sich um ihre Zukunft nicht sorgen musste, auch wenn ihr Gatte Leopold nicht der älteste Sohn und Majoratserbe war. Es lag nur ein Wermutstropfen über dem Glück. Die Mutter Wilhelmine konnte die Hochzeit ihres ersten Kindes nicht mehr miterleben. Ein halbes Jahr vorher, am 5. März 1886, war sie gestorben.

Acht Monate später, am 6. Juni 1887, heiratet Sophies ältere Schwester Marie (Rischel) den Juristen Dr. Jaroslav Graf von Thun und Hohenstein, Spross des böhmischen Majorats Tetschen der uralten Tiroler Dynastie. Die Ursprünge der Familie Thun reichten bis in die Anfänge der Herrschaft der Habsburger zurück, und die Familie war nicht nur von hohem gesellschaftlichen Ansehen, sondern auch vermögend. Schloss Tetschen, das sich an malerischer Stelle über der Elbe erhob, war von Jaroslavs Großvater Franz Anton I. Thun erbaut worden und war ob seiner Pracht weit über die Grenzen der österreichisch-ungarischen Monarchie hinaus bekannt. Die Räume in Tetschen waren mit Kunstwerken so reichlich ausgestattet, dass gekrönte Häupter wiederholt dort Aufenthalt nahmen. Die Väter Thun und Chotek waren beide im diplomatischen Dienst tätig und hatten gemeinsam in Berlin Dienst getan. Es ist anzunehmen, dass dieser enge Kontakt der Eltern zur Verbindung der Tochter Marie mit Jaroslav geführt hat. Nach der Hochzeit wählen Marie und Jaroslav, der ein Ulanenregiment leitete, Schloss Kwassitz in Böhmen und Prag als Residenz.
Die Hoffnung, dass Erzherzog Otto durch seine Heirat an ein geregeltes Leben gewöhnt werden könnte, erfüllt sich nicht. Anekdoten über seine Eskapaden machen weiterhin in Wien die Runde. So soll er eines Abends auf der Suche nach seinen Freunden nur mit einem Säbel und Stiefeln bekleidet durch die Halle des Hotels Sacher spaziert sein. Hingegen ist das, was man seinem Bruder Franz Ferdinand vorwirft, beinahe als harmlos zu bezeichnen. Über ihn kursiert »lediglich« das Gerücht, dass er bei einer Beerdigung mit seinem Pferd über einen Sarg, der zum Friedhof getragen wurde, gesprungen sei. Selbst diese Begebenheit ist aller Wahrscheinlichkeit ins Reich der Legenden zu verweisen, auch wenn Kaiserin Elisabeth darüber ein langes Gedicht schrieb, das sie »Eine wahre Begebenheit geschehen zu Enns« nannte. Wahr oder nicht wahr, der Wiener Hof beobachtet die Abenteuer der jungen Erzherzoge mit außerordentlichem Interesse und der kleine Hofstaat der Erzherzoge hat genug zu tun, um den Schaden, den vor allen Dingen Erzherzog Ottos

Gräfin Sophie Chotek mit den Gräfinnen Marie und Therese Kinsky,
Verwandten von der Kinsky Seite

Eskapaden über das Hause bringen, möglichst klein zu halten. So berichtet der Wiener Journalist Frischauer über einen Interventionsbesuch des Priesters Marshall im April 1887 im Namen von Franz Ferdinand und Otto. Marshall bittet vor allen Dingen um Rücksichtnahme auf den Zustand von Ottos Frau Maria Josepha, die ihr erstes Kind erwartet.

Innerhalb eines Monats werden Franz Ferdinand und Sophie Onkel bzw. Tante. Am 17. August 1887 wird Franz Ferdinands erster Neffe Erzherzog Karl, der letzte Kaiser Österreichs, geboren, zu dem er bald ein inniges Verhältnis entwickelt. Sophies erster Neffe kommt knapp einen Monat später, am 13. September 1887, in der Familie Nostitz zur Welt und wird auf den Namen Erwein Johann Hartwig Maria getauft. Beide denken jedoch zu dieser Zeit noch nicht an die Gründung einer Familie. In Franz Ferdinands Leben gibt es jetzt allerdings Hinweise darauf, dass Frauen inzwischen eine Rolle in seinem Leben spielen. In einem Brief an Kronprinz Rudolf schreibt Franz Ferdinand, dass er bei jedem Glas Wein »in Gedanken auf das Ehrenwohl von M. und den Meiningen« anstoße.[31] Historiker sind bisher davon ausgegangen, dass Franz Ferdinand in diesen Zeilen seine Bewunderung für die Wiener Kokotte Mizzi Caspar ausdrückt, die aber auch die Vertraute Rudolfs war. Nachdem sie das 4. Dragonerregiment besucht habe, in dem Franz Ferdinand stationiert war, soll der junge Erzherzog überwältigt gewesen sein und im selben Brief sie als »Eine wunderschöne Frau!!!« beschrieben haben, wobei er nicht nur den Satz mit mehreren Ausrufezeichen versah, sondern auch das Adjektiv »wunderschön« gleich dreimal unterstrich. Diese Interpretation lässt einige Fragen offen, denn erstens erwähnt Franz Ferdinand in besagtem Brief den Namen »Mizzi« kein einziges Mal und zweitens stellt sich die berechtigte Frage, warum Franz Ferdinand ausgerechnet seinem Cousin berichtet, wie toll er dessen Freundin findet.

Vielleicht war eine ganz andere gemeint. Nach Erkenntnissen des tschechischen Historikers Galandauer könnte mit der »schönen Mizzi« eine jüdische Verkäuferin namens Maria

Hahn aus Prag gemeint sein, die am 29. August 1889 einen Sohn gebärt, dessen Vater der Erzherzog Franz Ferdinand sein soll. Galandauers Informationen zufolge tauft die Verkäuferin ihren Jungen auf den Namen Kurt Ferdinand und der angebliche Vater zahlt ihr nach der Geburt 8000 Gulden. Nach der Hochzeit des Erzherzogs mit Gräfin Sophie Chotek im Jahre 1900 erhält Mizzi, die inzwischen Schauspielerin geworden war, nochmals 35000 Kronen oder 17500 Gulden.

Der Thron rückt näher

Franz Ferdinand ist in Prag, wo er beim Infanterieregiment Nr. 102 als Major dient, als ihn die Nachricht erreicht, dass Kronprinz Rudolf am 30. Januar 1889 in Mayerling gestorben ist. Er ist tief getroffen. Auch wenn der Kontakt zwischen beiden sich reduziert hatte, war man sich doch freundschaftlich stets sehr nahe gestanden. Er fährt sofort nach Wien, wo er, wie die Wiener Presse schreibt, vom Kaiser in »besonderer, längerer Audienz« empfangen wird. Dort erfährt er, dass der Thronfolger sein Leben durch Selbstmord beendete und nicht allein starb, sondern mit der Baroness Vetsera, deren Mutter in der Wiener Gesellschaft eine wichtige Erscheinung ist.
Mit dem Ableben des einzigen Sohns des Kaisers entstand eine völlig neue Situation. Da Kronprinz Rudolf keinen männlichen Nachkommen hinterließ, ging somit die Thronfolge auf die Linie des nächst älteren noch lebenden Bruders des Kaisers, Erzherzog Karl Ludwig über. Dieser war für eine solche Aufgabe nicht vorbereitet. Die Berater des Kaisers kannten die naiven politischen Ansichten des Erzherzogs und bezeichneten ihn sogar hinter vorgehaltener Hand als Einfaltspinsel. Seine Söhne waren ebenfalls auf ein Leben als nachgereihte unbedeutende Erzherzöge vorbereitet. Von einem Tag auf den anderen wurde Franz Ferdinand nun mit der Tatsache konfrontiert, dass er, zwar nicht in den nächsten Jahren, aber doch in absehbarer Zeit die Thronfolge Österreich-Ungarns antreten musste. Sein

Vater war der einzige, der noch vor ihm in der Thronfolge stand, und dieser nur drei Jahre jünger als der Kaiser war, würde er wahrscheinlich nicht lange regieren. Die Spekulationen in der Presse, dass Kaiser Franz Joseph dem Erzherzog bei diesem Treffen eröffnet hätte, dass er ihn fortan als Thronerben betrachten würde, dürften nicht korrekt sein. Franz Joseph sollte in den nächsten 10 Jahren seine Nachfolge nur sehr vage regeln. Er deklarierte Erzherzog Franz Ferdinand auch niemals offiziell zum Thronfolger.
Wegen der zusätzlichen auf ihn in der Zukunft zukommenden Verantwortung verlässt der nunmehrige Thronfolger Prag und begibt sich nach Ödenburg zum Regiment Nadasdy, um den ungarischen Teil der Monarchie kennen zu lernen Er trennt sich nicht gerne. »Mit schwerem Herzen scheide ich von euch«, sagt er in seiner Abschiedsrede, »ich sage euch nach ... 1 1/2 Jahren, wo ich die Ehre und Freude genossen habe, Dieses schöne Bataillon kommandiert zu haben, ein Lebewohl. Ich danke euch für die treue Pflichterfüllung, Anhänglichkeit an meine Person und ich hoffe und bin überzeugt, dass ihr dieselben Gefühle immer meinem Nachfolger entgegenbringen werdet.«[32] Er schied nur ungern, weil es in Böhmen bessere Jagden gab und er zu Ungarn keine emotionale Bindung hatte.

Hofdame bei Erzherzogin Isabella

Für Gräfin Sophie Chotek zeichnete sich ein weiterer Ortswechsel ab. Sie lebte nach dem Tod der Mutter mit dem Vater und den jüngeren Schwestern Oktavia, Antonie und Henriette in Dresden, das man damals auch Elbathen nannte. Ihr Vater arbeitete an der Gesandtschaft in Dresden und erwartete nur das Ende seiner Karriere. Die erfolgreiche Vermittlung der Kronprinzheirat hatte ihm zwar Orden und Ehrungen gebracht, aber, wohl auch durch den äußerst unglücklichen Ausgang der Ehe, seine Laufbahn nicht unbedingt gefördert. Nun war er wieder in Dresden an derselben Gesandtschaft, an der er schon seine

Karriere begonnen hatte. Dass er zum Gesandten am sächsischen Hof berufen wurde, war ein Vertrauensbeweis des Kaisers, da das Haus Sachsen dem Hause Habsburg schon durch die vielen Hochzeiten sächsischer Prinzessinnen mit österreichischen Erzherzögen nahe stand.
Dennoch oder vielleicht gerade daher war der Posten des Gesandten ein politisch belangloser und deshalb, um es mit den Worten eines ehemaligen k. u. k. Diplomaten zu sagen, »vornehmlich solchen Diplomaten vorbehalten, die die Gunst des Herrschers besaßen oder die aus irgendeinem anderen Grund nicht aus dem Dienst entlassen werden konnten, die man jedoch für einen politischen wichtigen oder auch nur repräsentativeren Posten nicht geeignet hielt«.[33] Dem entsprachen die wenig anheimelnden Räumlichkeiten der Gesandtschaft, die in der Nähe des Dresdner Bahnhofs lagen und an denen in stetigem Rhythmus die Eisenbahnzüge vorbeidonnerten.
Vom früheren fast manischen Arbeitseifer des Grafen war nicht mehr viel übrig geblieben. Statt politische Berichte zu verfassen schrieb er angeblich Leitartikel aus der staatlichen Zeitung ab, denen er lediglich den Satz »Ich erfahre aus verlässlicher Quelle« voransetzte. Den Dienst zu quittieren war keine Option. Graf Chotek musste arbeiten, denn die Einkünfte reichten nicht, um sich und seine vier jüngsten noch im Haushalt verbliebenen Töchter standesgemäß zu erhalten. Die ältesten vier Kinder hatten das Haus verlassen: Der einzige Sohn Wolfgang hatte die Beamtenlaufbahn eingeschlagen und arbeitete in der Bezirkshauptmannschaft, Rischel und Kara hatten geheiratet und Zdenka war 1884 als zweite Hofdame in den Hofstaat der Kronprinzessin Stephanie, mit der sie wenige Jahre vorher noch auf Soireen gemeinsam getanzt hatte, eingetreten.
Nun wird auch die älteste der noch verbliebenen Schwestern flügge. Am 10. August 1888 wird seine Tochter Sophie vom Kaiser zur Hofdame bei Erzherzogin Isabella berufen. Sie ist 20 Jahre jung. Ihre Gesichtszüge hat sie vom Vater geerbt, die schmale Nase und die dünnen Lippen, ihre dunklen Augen sind ein Erbteil ihres Großvaters Karl Chotek. Aber ihre große,

schmale Statur verrät ihr Kinsky-Erbe. Wie ihre Mutter überragt sie ihren Vater bereits seit der frühen Jugend. Für eine Hofdame ist Gräfin Sophie Chotek sehr jung. Ein Hofdamenposten wurde oft als »Endstation« für Damen angesehen, die sich nicht verheiraten ließen. In Sophies Fall war dies sicher nicht gegeben. Sie war schön und außerordentlich klug, außerdem ein lustiges Mädchen mit viel Witz und vielseitigen Interessen. Aber ihre Familie lebte in schwierigen finanziellen Verhältnissen, denen sie nur durch Berufsausübung entkommen konnte. Also wurde sie eben Hofdame bei Erzherzogin Isabella.

Erzherzogin Isabella war mit Erzherzog Friedrich aus der habsburgischen Familien-Linie Karl verheiratet. Erzherzog Friedrich war der Adoptivsohn Erzherzog Albrechts und Erbe eines großen Vermögens. Äußerlich war Erzherzog Friedrich nicht sehr ansprechend – eine kleine gedrungene Gestalt, dickbäuchig, bebrillt und nicht besonders intelligent. Das tat seiner Beliebtheit bei Frauen aber keinen Abbruch, und er hatte zeit seines Lebens zahlreiche Liebschaften. Im Jahr 1878 vermählte sich Erzherzog Friedrich mit der bildschönen Prinzessin Isabella von Croy-Dülmen.

Anfangs hatte der Kaiser (wieder einmal) dieser Verbindung skeptisch gegenübergestanden, da das Haus Croy kein regierendes, sondern nur ein mediatisiertes Haus war. Jedoch hatte sich Österreich mit der Annahme der Bundesakte 1825 verpflichtet genau diesen mittelbar gewordenen, vormals reichsständischen Familien einen ihrer Ebenbürtigkeit mit den souveränen Häusern angemessenen Rang und Titel zu erteilen. Dies musste auch bedeuten, dass sie für die Heirat mit einem Mitglied der österreichischen Kaiserfamilie in Frage kamen. An mangelnder Ebenbürtigkeit konnte die Ehe deshalb nicht scheitern. Zudem war das Geschlecht der Croys in der Geschichte mit dem Hause Habsburg eng verbunden. Zwei Croys waren unter den ersten 24 Rittern des Goldenen Vlieses gewesen, die Philipp der Gute von Burgund am Tage der Gründung des Ordens im Jahre 1431 ernannt hatte. Trotz dieser eindeutigen Fakten spannte der Kaiser das junge Paar einige Monate auf die Folter. Schließlich genehmigte er die Ehe aber doch, was im Kreise seiner Verwandten keine direkte Kritik, aber zumindest leicht erhöhte Augenbrauen auslöste.

Es war keinesfalls das einzige Mal im standesbewussten Wiener Hof, dass der Stammbaum einer einheiratenden Prinzessin als »not quite right« empfunden wurde. Selbst in der Ahnentafel der Kaiserin hatte der Hof eine Prinzessin Arenberg gefunden, die einem nichtregierenden Geschlecht angehörte. Der Stammbaum, an dem sich nicht herummäkeln ließ, musste erst noch gefunden werden.

Erzherzogin Isabella wehrte sich gegen die ihr anfangs entgegenschlagende Ablehnung mit besonders majestätischem und energischem Auftreten. Sie hatte Erfolg und konnte bald viele Familienmitglieder zu ihren Freunden zählen. Sie war eine praktische Frau, die mit strenger Hand und viel Geschick die zahlreichen Haushalte der Familie verwaltete. Mit Feuereifer machten sie und Erzherzog Friedrich sich an die Sicherung der Dynastie, und sie gebar fast jedes Jahr ein Kind, allerdings immer »nur« Mädchen. Ihre schlanke Figur verschwand durch den Gebärreigen, dafür bekam sie einen üppigen Busen, der ihr in Hofkreisen den Spitznamen »Busabella« einbrachte.

Warum sie Gräfin Sophie Chotek als Hofdame anstellen wollte, ist nicht bekannt. Erzherzogin Isabella hatte Sophies Mutter bei den Hochzeitsfeierlichkeiten Kronprinz Rudolfs acht Jahre früher beim Tanztee kennen gelernt, doch sind dort die Modalitäten einer Anstellung sicher nicht besprochen worden. Vielleicht hat eine Begegnung mit Sophies Vater zu der Anstellung geführt, denn sie beruft sich in späteren Gesprächen immer wieder darauf, an Sophie ihre Wohltätigkeit gezeigt zu haben. Wie dem auch sei, jedenfalls trat Sophie im August ihren Dienst als Hofdame im Haushalt Isabellas an, als eine von vier Angestellten. Der Posten der Obersthofmeisterin war unbesetzt, eine weitere Hofdame Ernestine Gräfin Szécsen von Temerin arbeitete schon da, daneben waren noch eine Kammervorsteherin und eine Kammerfrau tätig.

Sophies neues Zuhause war für die meiste Zeit des Jahres das

Palais Grassalkowitz in Preßburg, ein im 18. Jahrhundert von Fischer von Erlach erbauter Prachtbau mit gelber Fassade, der von einer großen kupfernen Kuppel überwölbt wurde. Der Haushalt, in den Gräfin Sophie Chotek einzog, war dem, in dem sie ihre Jugend verbracht hatte, nicht unähnlich. Ebenso wie die Familie Chotek handelte es sich um ein Vielmäderlhaus: Die Erzherzogin hatte bereits sechs Mädchen im Alter von 11 Monaten bis 9 Jahre und war mit dem siebten Kind im siebten Monat schwanger.

Hofdame bei einer nachrangigen Erzherzogin war sicher nicht Sophies Traumstellung. Doch ihre beruflichen Ambitionen waren bescheiden. Als sie bei einem Gesellschaftsspiel auf Schloss Großpriesen einen Fragebogen ausfüllt, gibt sie als gewünschten Beruf an »der, der einem beschieden ist«[34]. Sie wusste wohl, dass einer Komtess im späten 19. Jahrhundert nicht viele Möglichkeiten offen standen. Eine Gräfin aus gutem Hause nahm entweder eine Hofposition an, das heißt, sie wurde Hofdame oder im günstigsten Fall Obersthofmeisterin, wobei letzterer Posten allerdings meist verdienten, verheirateten Damen der Gesellschaft vorbehalten war. Die einzige andere Möglichkeit war in ein adeliges Damenstift einzutreten. Dort wurde man adäquat versorgt, musste aber dem weltlichen Leben entsagen. Sophies Großtante Therese Chotek war Stiftsdame gewesen. Aber die gerade 20-jährige Sophie wollte trotz ihres tiefen Glaubens nicht den Rest ihres Lebens hinter Klostermauern verbringen. Das hätte bedeutet, die Hoffnung auf Ehe und Familienleben aufzugeben und auf die spirituelle Erlösung zu hoffen. Sie suchte eine Beschäftigung, mit der sie ihren Lebensunterhalt bestreiten konnte und die relativ interessant war.

Der Hofdamendienst konnte diese Anforderungen durchaus erfüllen. An den Hof einer wichtigen Erzherzogin berufen zu werden war eine große Ehre und ein Freundschaftsbeweis. Außerdem war es eine einmalige Chance, den Wiener Hof von innen kennen zu lernen. Die Hofdamen lebten am gleichen Ort mit der erzherzoglichen Familie und nahmen auch die Mahlzeiten gemeinsam mit ihr ein, wenn sie auch am Ende der Tafel hinter den Kindern Platz nahmen. Hofdamen begleiteten ihre Dienstherrinnen zu Verwandtschaftsbesuchen und verkehrten dabei durchaus auf freundschaftlicher Basis mit den allerhöchsten Herrschaften. Die ideale Hofdame war ein ständiger Schatten ihrer Arbeitgeberin. Sie war diejenige, die sich an alle Namen erinnerte, die der Erzherzogin gerade entfallen waren, diejenige, die immer ein passendes Gesprächsthema fand, um die Fadesse des Alltags zu vertreiben, diejenige, die dafür sorgte, dass die wichtigen Verwandten rechtzeitig Geburtstagspost und kleine Geschenke erhielten, diejenige, die Einladungen im Auftrag ihrer Herrin annahm oder sehr höflich ablehnte. Sie unternahm tägliche Spaziergänge oder Ausfahrten mit der Kutsche mit der Erzherzogin und las ihr in stillen Stunden aus den neuesten Büchern vor, die man gelesen haben musste. Kurz, man tat das, wozu die Erzherzogin gerade keine Lust hatte oder wozu ihr die Zeit fehlte, und man durfte sie überall hin begleiten, wenn die Dienstherrin das wünschte. Dass man nur eine besoldete Angestellte war, bekam man nur bei offiziellen Anlässen zu spüren, wenn man nicht an der Allerhöchsten Tafel, die den Mitgliedern des Erzhauses vorbehalten war, sitzen durfte, sondern an der so genannten Marschallstafel mit den Obersthofmeistern, Kammervorstehern und anderen Hofdamen Platz nahm. Die Besoldung war angemessen und reichte zum Leben. Reichtümer ließen sich jedoch nicht erwerben, da man einen angemessene Ausstattung an passenden Kleidern brauchte, die je nach Aufgabengebiet wieder sehr teuer sein konnte. Eine Hofdame fasste zusammen: »Die Hofdamen-Ausstattung ist kostspielig, denn der Hof gibt nur das Notwendige, der Mensch braucht gar vieles.«[35]

Die Zufriedenheit mit der Hofdamentätigkeit stand und fiel mit dem Charakter der Dienstherrin. Da hatte Gräfin Sophie Chotek mit Erzherzogin Isabella nicht gerade die einfachste Arbeitgeberin gewählt. »Die Erzherzogin Isabella ist eine schlaue, tyrannische und etwas selbstgerechte Frau, ihr zu entsprechen ist nicht einfach, weil alles bei ihr von ihrer Laune abhängig ist«, so fasste eine Nachfolgerin Sophies als Hofdame Erzherzogin Isabellas die Persönlichkeit ihrer Dienstgeberin zusammen.[36]

Der gebieterische Ton der Erzherzogin machte vor niemandem Halt, schon gar nicht vor dem Personal, aber auch nicht vor der eigenen Familie. Selbst das Leben ihres Ehemannes wurde von der strengen Erzherzogin durchgeplant bis hin zur Kleidung, die er anzuziehen hatte.
Erschwerend kam hinzu, dass Gräfin Sophie Chotek oft Arbeiten verrichten musste, die eigentlich nicht Aufgaben einer Hofdame waren. Eine Hofdame war in erster Linie Gesellschafterin. Wenn Erzherzogin Isabella auf Kurzreisen verzichtete eine Kammerfrau mitzunehmen, wurde von ihrer Hofdame erwartet, dass diese die anfallenden Arbeiten, die eigentlich einer Kammerfrau zugekommen wären, übernahm. Sophie nahm es hin, musste es hinnehmen. Sie war zum Bleiben im erzherzoglichen Haushalt verdammt, bis sich ihr, am liebsten durch Heirat mit einem angemessenen Mann, ein Fluchtweg eröffnete.

Schwere Krankheit des Erzherzogs Franz Ferdinands

Das Leben des Mannes, den sie heiraten würde, verlässt seine geordneten Bahnen, als seine Schwester Margaretha Sophia im Oktober 1891 lebensgefährlich erkrankt. Einen Monat lang müssen Eltern und Geschwister um das Leben der jungen Erzherzogin bangen. Franz Ferdinand wacht Tag und Nacht am Lager seiner schwer kranken Schwester und schlägt mehrere Nächte, weil er in ihrer Nähe weilen wollte, das Nachtlager auf dem Diwan auf. Die Familie schreibt sogar an den Papst, um für die Genesung der Tochter zu bitten. Gott hat schließlich ein Einsehen, und Ende November befindet sich Margarethe auf dem Weg der Besserung. Daraufhin erkrankt Erzherzogin Marie Therese und gleich darauf auch Erzherzog Franz Ferdinand. Während sich Marie Therese schnell von ihrer Krankheit erholt, die hauptsächlich durch die Erschöpfung und die seelische Belastung durch die Erkrankung der Tochter zurückzuführen ist, wird Franz Ferdinand nur sehr langsam gesund. Der Erzherzog hat eine leichte Tuberkulose, gegen die die damalige Medizin

Erzherzog Franz Ferdinand beim Taubenschießen im böhmischen Pardubitz, die verschleierte Dame neben ihm (2. v. r.) ist Gräfin Sophie Chotek

noch kein Heilmittel kennt. Man vermutet auch die schwächliche Konstitution, die der Erzherzog von seiner verstorbenen Mutter geerbt haben soll, als einen die Genesung erschwerenden Faktor.
Als sich der Zustand des Erzherzogs über Monate nicht bessert, wird die Entscheidung getroffen, ihn längere Zeit in ein angenehmeres Klima zu schicken. So entsteht der Plan einer Weltreise mit dem Schiff, die offiziell als wissenschaftliche Expedition getarnt wird. Sie sollte knapp ein Jahr dauern, und nach seiner Rückkehr wollte man versuchen ihn zu einer Vermählung mit einer Prinzessin zu überreden. Angeblich wurde Kaiserin Elisabeth beauftragt, Heiratspläne zu sondieren. Wer allerdings mit der Persönlichkeit der Kaiserin vertraut ist, weiß, dass diese stets mit sich, ihrer Schönheit und vielleicht noch mit ihrem Lieblingskind Marie Valerie beschäftigt war, darf die Ernsthaftigkeit dieser Pläne bezweifeln. Es ist schwer glaubhaft, dass die Kaiserin bei allen oben genannten Beschäftigungen noch Zeit gehabt hätte unter ihren Verwandten und Bekannten nach einer für ihren Neffen passenden Frau Ausschau zu halten. Zudem war der Kontakt zwischen ihr und dem Neffen ein loser. Die Kaiserin setzte sich zwar beim Kaiser hin und wieder für Franz Ferdinand ein, aber dass sie so weit gegangen wäre, ihm eine Gemahlin zu suchen, ist wenig wahrscheinlich. Sie hatte es bei ihrer engsten Familie abgelehnt, die Rolle der Matriarchin einzunehmen, und wollte dies sicherlich jetzt nicht bei ihrem Neffen nachholen. Schließlich war sie nicht wie ihre Schwiegermutter Erzherzogin Sophie, die bei allen Angelegenheiten, privater oder politischer Natur, ihren Standpunkt eingebracht hatte.
Vermutlich hätte Franz Ferdinand aber sowieso jede potenzielle Braut abgelehnt. Er weiß nämlich schon, was er nicht wollte, nämlich eine Ehe, in der Liebe keine Rolle spielte. »Erzherzog Franz stellt sehr romantische Ansprüche an eine Heirat und in eine der üblichen fürstlichen Konvenienzehen wird er nie einwilligen«, erzählt Erzherzogin Marie Therese zu diesem Zeitpunkt einem Bekannten.[37] War es das abschreckende Beispiel der Ehe

seines Bruders oder war es die typische Bindungsunlust eines jungen Mannes?
In Wien tuschelte man über ein Liebesverhältnis des Erzherzogs mit der Wiener Schauspielerin Mila Kugler, die in einem seiner Häuser in der Nähe des Modenapalais im 3. Wiener Gemeindebezirk mietfrei wohnte. Obwohl er sie regelmäßig besuchte, war es von Franz Ferdinands Warte aus eine bedeutungslose Affäre. Die temperamentvolle Mila sah das anders. Sie hielt sich offenbar für eine zweite Milli Stubel, diese war die langjährige Lebensgefährtin des Erzherzogs Johann Salvator, des Onkels Franz Ferdinands aus der Linie Toskana. Erzherzog Johann hatte 1889 den beispiellosen Schritt getan, auf seine Mitgliedschaft im Allerhöchsten Erzhaus und die ihm zustehenden Titel und Privilegien zu verzichten. Dies Entscheidung zog auch den Verlust seines auf ungefähr 100 000 Gulden geschätzten Einkommens nach sich. Der ehemalige Erzherzog Johann Salvator nannte sich fortan Johann Orth, heiratete Milli Stubel und fuhr mit ihr auf einer kleinen Jacht um die Welt. Im Juli 1890 war das Boot nach einem schweren Sturm vor der Küste Südamerikas verschwunden und, wie man annahm, gekentert. Romantische Gemüter wollten nicht an ein so tragisches Ende der beiden glauben, und deshalb kursierten jahrzehntelang Gerüchte, dass die beiden auf anderen Kontinenten glücklich miteinander waren. Mila Kugler wollte daher wie Milli Stubel ihren Geliebten auf der Reise begleiten, aber Franz Ferdinand lehnte dieses Ansinnen ab.
In Abwesenheit von Fräulein Kugler war des Erzherzogs Begleitung daher nur männlich und bestand neben seinem Kammerherrn Franz Janaczek aus seinem Kammervorsteher Graf Leopold Wurmbrand-Stuppach sowie aus Graf Heinrich Clam-Martinic. Für die wissenschaftliche Betreuung der Reise war ein Zwei-Mann-Team vom Naturgeschichtlichen Museum in Wien zuständig, Dr. Ludwig Ritter von Liburnau und der Präparator Eduard Hodak. Letzterem kam die Tätigkeit zu, ausgewählte erlegte Tiere auszustopfen und zu konservieren. Da es in ferne Länder ging, über die ein Erzherzog nach Möglichkeit Bescheid

wissen sollte, schickte das k. u. k. Ministerium des Äußeren den k. u. k. Legationssekretär Graf Karl Kinsky, einen Cousin der Gräfin Sophie Chotek, mit auf die Reise. Karl Kinsky vertrug allerdings das Klima Indiens und Ceylons so schlecht, dass er schon bald wieder die Heimreise antreten musste.

In 300 Tagen um die Welt

Der gesundheitliche Zustand erforderte eine rasche Abreise und so legte der kaiserliche Rammkreuzer, der auf den Namen »Kaiserin Elisabeth« getauft worden war, bereits am 15. Dezember 1892 von Triest ab. Schon seinen 29. Geburtstag ebenso wie die Weihnachtsfeiertage verbrachte Erzherzog Franz Ferdinand im Kreise seines Gefolges an Bord des Schiffes. Auch der Hochzeit seiner Schwester Margarethe mit dem württembergischen Prinzen Albrecht konnte er nicht mehr beiwohnen.

Von Ägypten aus führte die Reise in östlicher Richtung um die Welt mit Zwischenstopps in Indien, Singapur, Indonesien, Australien, China, Japan, Amerika, Kanada, Frankreich und Deutschland. Der außerordentlich schreibfreudige Erzherzog führte ein Reisetagebuch, in dem er täglich seine Eindrücke notierte. Diese detailgetreuen Aufzeichnungen wurden erst von Franz Ferdinands ehemaligem Lehrer Freiherr Max Vladimir Beck überarbeitet und im Jahre 1895 als zweibändiges 1000-seitiges Werk unter dem Namen Franz Ferdinands veröffentlicht.

Lange wurde die Autorschaft des Erzherzogs bezweifelt, was Franz Ferdinand zu dem bissigen Kommentar hinriss, dass die Leute glauben, »dass jeder Erzherzog ein Thadädl sein muss«.[38]

Die Autorschaft des Tagebuchs ist aber für jeden erkennbar, der mit der Korrespondenz des Erzherzogs vertraut ist. Hier finden sich einerseits dieselben klaren Worte und der knappe Stil, mit dem er auf kürzestem Weg zu Sache kommt, der auch seine private Korrespondenz kennzeichnet, und andererseits lange, detailgetreue Beschreibungen von Vorgängen, die sein besonderes

Eines der 1864 Tiere, die Erzherzog Franz Ferdinand auf seiner Weltreise erlegte

Interesse geweckt haben. Nicht vergessen darf man schließlich seine bildhaften Vergleiche. Beklagt er sich in einem Privatbrief darüber, momentan »das Leben eines Grottenolms« zu führen, spricht er auf der Weltreise davon, einen »Clavierschutzverein« zu gründen, damit das Instrument nicht mehr von den Mitreisenden malträtiert werden kann. Faktische Beweise für die Autorschaft liegen in Form von zahlreichen Notizbüchern vor, von denen einige im Erzherzog-Franz-Ferdinand-Museum in Artstetten zu finden sind.

Da das Tagebuch authentisch ist, ist es ohne Zweifel ein wichtiger Schlüssel zur Persönlichkeit des erwachsenen Erzherzogs. Von den vielen Anhaltspunkten sollen hier nur ein paar herausgegriffen werden: seine Jagdleidenschaft und seine Einstellung zu Frauen, Ehe und Familie.

Erzherzog Franz Ferdinand als Waidmann

Im Alter von 9 Jahren, am 21. Oktober 1872, erlegt Erzherzog Franz Ferdinand sein erstes Wild bei der Jagd und erhält dazu ein Gratulationsschreiben von Kronprinz Rudolf. Damit war der Grundstein zu einer lebenslangen Leidenschaft gelegt. Im Laufe seines 50-jährigen Lebens schoss Franz Ferdinand insgesamt 274 889 Stück Wild, auf seiner knapp ein Jahr währenden Weltreise erlegte er 1864 Stück also durchschnittlich mehr als 6 Tiere pro Tag.

Sein Jagdeifer und sein Jagderfolg waren vielen unheimlich, denn man war gewöhnt, dass kaiserliche Majestäten die Jagd als Zeitvertreib und nicht als Leistungssport sahen. Doch gerade der Erzherzog ging nicht nur zur Jagd »in jenem vornehmen Sinne, wie sie der Kaiser betrieb, der auch als Waidmann stets ein »chevalier sans peur et sans reproche« war.[39] Nein, Jagen war für Franz Ferdinand sicher mehr als Zerstreuung. Es war eine Leidenschaft, in der er seine Freude an der Natur und seine scharfe Beobachtungsgabe am besten nutzen konnte. Er arbeitete mit Inbrunst an der Verbesserung seiner Treffsicherheit und

Erzherzog Franz Ferdinand war leidenschaftlicher Jäger

war schon zum Zeitpunkt der Weltreise ein außergewöhnlich guter Schütze, mit dem fast niemand mithalten konnte. Ein Serie von 30 bis 40 Schuss ohne Fehltreffer war keine Seltenheit. In Indien stellte er bei einem Wettstreit sein Können unter Beweis. Als drei Münzen gleichzeitig in die Luft geworfen wurden, gelang es Franz Ferdinand zwei dieser drei Münzen zu treffen. Keiner der anderen teilnehmenden Schützen schaffte mehr als eine. Der Waffenhersteller Springer konstruierte extra für den Erzherzog einen Büchsenspanner mit zwei doppelläufigen Mannlichergewehren, das so genannte Erzherzog-Franz-Gewehr. Den Enthusiasmus, den Franz Ferdinand für die Jagd empfand, findet sich natürlich auch in den Aufzeichnungen der Weltreise. Fast die Hälfte des Tagebuchs nehmen seitenlange Jagdberichte ein, die alles Vorgefallene bis ins letzte Detail beschreiben. Aufgrund seines Gesundheitszustandes konnte er wenig auf die Pirsch gehen, die zu anstrengend war, daher waren die meisten seiner Jagden Treibjagden. Gejagt wurde nach allerhand exotischen Tieren, in Ceylon Elefanten, in Indien Tiger, in Australien sogar Schnabeltiere.

Im Tagebuch zeigt sich auch, welche suchtartigen Züge die Jagdlust des Erzherzogs mitunter annimmt. Er beschreibt, wie er aus fahrenden Eisenbahnzügen schießt, ohne dass er jemals feststellen kann, ob er das angepeilte Tier auch tatsächlich getroffen hat. Sogar an Bord der »Kaiserin Elisabeth« macht das Jagdfieber nicht Halt. Auf dem Weg nach Colombo in Ceylon schießt er im Indischen Ozean nach Rochen. »Sieben dieser flachen, nahezu 2 m langen Ungethüme schwammen backbord in so geringer Tiefe an uns vorbei«, schreibt Franz Ferdinand in seinem Tagebuch, »dass ich den dunkelbraunen Rücken, sowie die grünlich-weiß schillernde Unterseite dieser Thiere genau unterscheiden und hoffen konnte, eines derselben zu erlegen. Zuerst versuchte ich ohne geringste Wirkung einen Schrotschuss, dann einen Kugelschuss, worauf ein großer Rochen sehr gut zeichnete. Leider konnte ich der allzu raschen Fahrt wegen nicht mehr beobachten, ob die Kugel eine tödliche gewesen.«[40]

Gedanken über Frauen, Ehe und Familie

Neben den ausführlichen Jagdberichten enthält das Reisetagebuch natürlich auch Beschreibungen der Sehenswürdigkeiten sowie Schilderungen der Einwohner der Länder, die Franz Ferdinand besucht. Hier erfährt man auch einiges über die Art Mensch, vor allem aber die Art Frau, die der Erzherzog bevorzugt.

Dabei zeigt sich Folgendes: Der Erzherzog ist auf keinen äußerlichen Typ festgelegt. Somalier gefallen ihm sehr gut, denn es sind »... durchwegs schöne, wie aus Erz gegossene Gestalten den Schädel meist glatt geschoren oder nur mit kurzem Kraushaar geziert.[41] Singalesen gefallen ihm hingegen nicht, denn er »konnte während meines Aufenthaltes unter den Weibern nicht ein hübsches Gesicht entdecken«. In Australien freut er sich nach so langer Zeit wieder weißen Gesichtern zu begegnen, die er als einen »wohl tuenden Anblick« empfindet. »Nach der farbigen und von unserem Standpunkt nicht eben anziehend zu nennenden Physiognomie der Eingeborenen jener Länder, die wir kürzlich besucht hatten.«[42]

Zweitens zeigt er eine Präferenz für natürliche Schönheit. Er mag weder die gebundenen Füße der Chinesinnen, die einen »entenartigen Gang« verursachen, noch den chinesischen Gebrauch, sich weiß zu schminken. »Einige dieser Damen sind nach unseren Begriffen so übel nicht, doch verunstalten sie sich – mögen sie immerhin glauben, hiedurch das chinesische Schönheitsideal zu erreichen – vollkommen, indem sie sich ganz weiß schminken, auf die Unterlippe einen rothen Fleck malen und die abrasierten Augenbrauen durch hochgeschwungene künstliche ersetzen. Diese Metamorphose verleiht den Mädchen einen ebenso unnatürlichen, als chronisch verwunderten Ausdruck, der sie Puppen aus Wachsfigurenkabinetten ähnlich erscheinen lässt.«[43] Mehrere Seiten lang beschreibt er, was an chinesischen Frauen noch alles nicht richtig ist. Auch Japanerinnen finden vor seinen Augen keine Gnade, da deren »Jugendfrische« sehr rasch verwelkt, »so dass nur selten eine hübsche Frau zu sehen ist«.[44]

Wenn sich die Schönheit mit natürlicher Anmut paart, ist er hingerissen. Nach einem Nachmittagsball, den er im australischen Sydney auf seinem Schiff veranstaltet, schreibt er, »ich muss gestehen, dass ich niemals auf einem Balle so viele schöne Frauen und Mädchen beisammen gesehen habe wie hier. Die Damen Sydneys vereinigen in gleichem Maße die Schönheit der Töchter des Mutterlands mit südlicher Anmuth der Bewegungen und vollendeter Eleganz der Erscheinung.«[45]

Aber ein besonderes Faible hat er für dunkle, ausdrucksvolle Augen. In Calcutta zeigt er sich von einer jüdischen Tänzerin aus Bagdad fasziniert, »die sich durch ihre prachtvollen Augen auszeichnete« und zum Entsetzen des »würdigen Hausvaters feurige Blicke nach alle Richtungen sandte«.[46] Auch die Frauen der Parsen »haben schöne Augen«.[47] In einem Jagdlager schwärmt er von der Schönheit der Eingeborenen, die sich alle durch »die auffallende Schönheit der dunklen Augen« auszeichneten.[48] Dieselben Augen wird er schon bald bei seiner zukünftigen Gemahlin finden.

Obwohl die Gründung einer Familie offiziell kein Thema ist, macht sich Franz Ferdinand dennoch so seine Gedanken, nicht zuletzt, weil er, wie jeder lange ledig gebliebene Mann, sich Fragen über das Wieso und Warum seines immer noch bestehenden Junggesellenstatus gefallen lassen muss. In China löst ein Singledasein nur ein resigniertes Kopfschütteln der Machthaber aus, während er bei einem Abendessen an der englischen Vertretung im indischen Bombay gleich zwei englischen Damen Rede und Antwort stehen muss. Bei einem Mittagessen mit der japanischen Kaiserfamilie sinniert er über die strengen Heiratsbestimmungen des dortigen Kaiserhauses und erwähnt den traurigen Fall einer liebreizenden Frau, die schon nach kurzer Ehe von ihrem Gemahl verlassen wurde. Schon wieder ein Zeichen, dass er nicht daran denkt, eine für ihn ausgesuchte Frau unglücklich zu machen. Am Tag der Hochzeit seiner Schwester Margarethe denkt er »mit den Gefühlen der innigsten Liebe ... ihrer, die heute den entscheidendsten Schritt im Leben, jenen aus dem elterlichen Hause in ein neues Heim, in eine neue Heimat thut«.

Das Mitgefühl, dass er für einen Herren seines Stabes, »das Muster eines zärtlichen Ehemannes, der tagtäglich einen Brief für seine junge Frau schrieb«, empfindet, als sich die tägliche Post verspätet, lässt darauf schließen, dass er zumindest die Seelenqualen nachempfinden kann, wenn er sie auch noch nicht selbst erlebt hat. Die Besatzung vertröstet den jungen Mann »in anerkennender Bewunderung seiner Ausdauer, so gut es ging, mit der kühnen Versicherung, dass ihm die nächste Post eine Legion Briefe bringen werde.«[49]
Sonst zeigt sich eine gehörige Portion Abenteuerlust in den Zeilen, die der Erzherzog der Nachwelt hinterlassen hat. In China erkundet er mit seinen Begleitern das Nachtleben, lässt sich mit einem Würfelbecher das Orakel lesen und erfährt bei dieser Gelegenheit, dass ihm »o Schreck, 83 Söhne beschert sein würden«.[50] In einer Opiumhöhle raucht er nach reiflicher Überlegung »zwei Pfeifen Opium, die mir ein alter Chinese mit freudvollen Eifer ›stopfte‹«. Er war vom Ergebnis enttäuscht. Er sei nicht im Stande, schreibt er, »hieran Geschmack zu finden; denn der Rauch erinnerte an jenen stark parfümierten Tabaks und mundete mir in keiner Beziehung«.[51] Wahrscheinlich hat er sich auch in China einen kleinen Drachen auf seinen Oberarm tätowieren lassen, eine Tätowierung, die er bis zu seinem Tod trug.

Skandal um Erzherzog Leopold

Auch auf Reisen blieb man von Skandalen nicht verschont. Erzherzog Franz Ferdinands Cousin, Erzherzog Leopold aus der Linie Toskana, musste in Australien das Schiff verlassen. Er hatte seine Geliebte als Matrose verkleidet an Bord geschmuggelt, was natürlich nicht lange unerkannt blieb. Als sie schließlich entdeckt wurde, weigerte sich Erzherzog Leopold der Weisung des Schiffskommandanten Folge zu leisten. Stattdessen verwies er auf seinen Onkel, den ehemaligen Erzherzog Johann Salvator, der als Johann Orth vor wenigen Jahren das Kaiserhaus verlassen hatte und mit seiner Lebensgefährtin Milli Stubel seit 1890 auf hoher See verschollen war. Dieser war sein Vorbild, verkündete er der versammelten Mannschaft. Dann drohte er mit Selbstmord.

Franz Ferdinand war schon seit längerer Zeit nicht gut auf seinen Cousin zu sprechen. Er hielt ihn für einen verlogenen Taugenichts. »Dieser Leopold hat allen weisgemacht, dass er die Kriegsschule besucht, dort studiert«, hatte Franz Ferdinand schon vor zehn Jahren an seinen Cousin Kronprinz Rudolf geschrieben, »er lernt aber einen Dreck, säuft ... die ganzen Nächte durch, sitzt jeden Abend im Theater etc. etc.«[52] Etwaige Anerkennung, die Leopold durch seine Umwelt erfuhr, basierte nach Ansicht Franz Ferdinands lediglich auf hohlen Schmeicheleien. »Warum ist denn der Leopold der beste Soldat des 19. Jahrhunderts und der Matador in jedem militärischen Wissen? Weil er und der Nino seit jeher allen Generälen und hohen Militärs dem Hof machen und vor allem um die Gunst des FML (= Feldmarshall-Leutnant) Beck und Popp buhlen und vor ihnen auf den Knien liegen. Das kitzelt diese hohen Herren und sie sprechen dann im günstigsten Sinne von ihm.«[53] Franz Ferdinand genoss diesen Moment, in dem der ungeliebte Cousin sich durch seine Handlungen demaskiert und sein wahres Gesicht gezeigt hatte.

Auf Druck der Besatzung willigte Erzherzog Leopold schließlich in seine Ausschiffung ein. Erzherzog Franz Ferdinand setzt sich hin und schreibt dem Kaiser, dass Leopold die Autorität des Schiffskommandanten in Frage gestellt habe, entgegen den Bestimmungen des Dienstreglements nur den Kontakt mit untergeordneten Personalstellen gesucht habe und die Mannschaft gegen die Leitung aufgewiegelt habe.

Nach Ankunft in der Heimat wurde Leopold strafweise zur Infanterie versetzt. Dies war eine große Genugtuung für Franz Ferdinand, aber auch für Erzherzog Albrecht, der die rangmäßige Überlegenheit der toskanischen Linie nicht mochte. Diese Angelegenheit, schreibt Erzherzog Albrecht dann auch an Franz Ferdinand, sei ein »erneuter Beweis in der toskanischen Linie an

Verschlagenheit und bourbonischer Miserabilität und antiösterreichischer Gesinnungslosigkeit«.[54]

Seinen eigenen kleinen Skandal unterschlug Erzherzog Franz Ferdinand. Es wurde nämlich erzählt, dass sich seine Freundin Mila Kugler trotz Verbots auf dem Schiff eingeschlichen hatte, aber entdeckt wurde und an der ersten Landestation in Ägypten des Schiffes verwiesen wurde. Die Wiener Weihnachtsblätter meldeten jedenfalls, dass Fräulein Mila Kugler eine kleine Urlaubsreise nach Ägypten unternommen hatte, aber wieder aus Port Said zurückgekehrt sei.

Nach Aufenthalten in der Neuen Welt, Kanada und USA, reist Franz Ferdinand mit dem Kreuzfahrtschiff »Bretagne« über Paris nach Stuttgart, wo er seine frischvermählte Schwester Margarethe trifft. Einen Tag später, am 18. Oktober 1893, trifft er in St. Pölten seine Eltern und seine anderen Geschwister.

Kaum zurück, wird der Erzherzog erneut mit Heiratsgerüchten konfrontiert. Im November spekulieren die ungarischen Zeitungen über eine Heirat mit Kronprinzessin Stephanie oder der Erzherzogin Dorothea. Doch die lange Suche sollte ein Ende haben. Denn im Laufe des Jahres 1894 traf Franz Ferdinand die Frau seines Lebens.

Erste Begegnung und Jahre der heimlichen Liebe

Liebesgeschichte ohne Anfang

Wann Erzherzog Franz Ferdinand sich in seine spätere Frau Gräfin Sophie Chotek verliebt, lässt sich nicht eindeutig klären. Die beiden Betroffenen bewahrten darüber Stillschweigen und erzählten es nicht einmal ihren Kindern. Andere Eingeweihte, wie etwa Franz Ferdinands Kammerdiener Franz Janaczek, plauderten ebenso wenig aus der Schule wie Sophies Geschwister. Vielleicht besteht deshalb in der Franz-Ferdinand-Literatur der Konsens, dass der Liebesfunke bei einer Festveranstaltung im Hause des böhmischen Statthalters Graf Franz von Thun und Hohenstein im Jahre 1894 übersprang. Je nach Darstellung war diese Veranstaltung entweder ein formeller Ball oder eine etwas informellere *soirée dansante*, die entweder im Frühjahr oder im Herbst 1894 stattfand. Es kann sich um kein öffentliches Fest gehandelt haben, denn die Gesellschaftsnachrichten aus den Zeitungen dieser Zeit berichteten nicht davon. Was aber nichts bedeuten muss. Die Prager Gesellschaft, die als noch exklusiver galt als die schon höchst snobistische Wiener, feierte hinter fest geschlossenen Türen, die nur Verwandten und Angehörigen des Allerhöchsten Erzhauses geöffnet wurden. Wie dem inzwischen 30-jährigen Erzherzog Franz Ferdinand, dem die Zukunft des Kaiserhauses gehörte. Im Mai 1894 hatte dieser beim 38. Infanterieregiment in Budweis als Brigadier seinen Dienst angetreten. Für Böhmen war Franz Ferdinand kein Unbekannter. Er hatte bereits von 1888 bis 1890 in Prag beim Regiment Freiherr von

Catty gedient, und dass er wieder in diese Gegend zurückgekehrt war, erfüllte den heimischen Adel mit Freude und ein wenig Stolz. Was lag näher als den hoch gestellten Rückkehrer mit einem kleinen Willkommensfest in der alten, neuen Heimat zu begrüßen!

Laut Überlieferung wurde der unverheiratete Franz Ferdinand auf diesem Fest von ebensolchen adeligen Damen umringt, die alle hofften, irgendwie seine Aufmerksamkeit zu erheischen. Dabei fiel einem Beobachter besonders eine »hoch gewachsene, hellbraune« Schönheit auf. »Ihre großen Augen suchten die des Erzherzogs immer wieder; ob er dieses auffällige Liebäugeln bemerkte, weiß ich nicht, er war ununterbrochen in Anspruch genommen«.[55] Aus den Aufzeichnungen, die Franz Ferdinand bei seiner Weltreise gemacht hatte, war ja schon bekannt, dass er sich an schönen Augenpaaren besonders delektieren konnte. Und diese geheimnisvollen dunklen Augen waren, wie man sich auf Fotografien überzeugen kann, das herausragendste Schönheitsmerkmal der Sophie Chotek.

Sonst war sie, wenngleich hübsch, doch keine klassische Schönheit. Sie hatte hellbraune, leicht gewellte Haare, die sie hoch aufgesteckt trug, und eine fein gemeißelte Nase. Ihr Gesicht war stark profiliert. Für den herrschenden Zeitgeist war sie zu groß, fast so groß wie der Erzherzog. Ihr Kopf war im Verhältnis zu ihrer Körpergröße klein, wie bei einer antiken Statue, aber sie hatte weniger Rundungen als diese. »Unter den molligen Backfischen wirkte sie wie eine Hopfenstange«, schrieb Franz Ferdinands Begleiter. Jung war sie nach damaligen Maßstäben mit ihren 26 Jahren auch nicht mehr, fast war sie schon im Vorstadium zur alten Jungfer anzusiedeln. Aber ihre Augen und ihre ruhige Ausstrahlung verliehen ihr eine fesselnde Qualität, die den Thronfolger betören sollte. Nach einem Tanz, so die Legende, zogen sich die beiden in einen Nebensalon auf ein längeres Gespräch zurück. Und bei dieser Gelegenheit soll der Funke übergesprungen sein.

Auch wenn die blumigen Beschreibungen dieses Abends mitunter Tränen der Rührung in die Augen treiben, sind sie von dem, was sich wirklich abgespielt hat, wahrscheinlich meilenweit entfernt. Es bedurfte sicherlich keines Balls oder einer ähnlichen großen Veranstaltung, damit sich die beiden kennen lernten, denn sie kannten sich mit großer Wahrscheinlichkeit schon längst. Franz Ferdinand jagte bereits seit Anfang der 80er-Jahre in Böhmen, meist in einer Gruppe zu der damals noch Kronprinz Rudolf, Prinz Philipp von Coburg sowie die Aristokraten Fürst Schwarzenberg, Graf Rudolf Chotek und die Grafen Franz und Jaroslav Thun gehörten. Das Empireschloss Neuhof von Sophies Onkel Graf Rudolf Chotek in Kuttenberg war ein beliebter Treffpunkt dieser Clique, auch an den Jagden auf Frauenberg, dem Wohnsitz der Schwarzenbergs, oder Tetschen, wo die Thuns residierten, mit dessen Sohn Jaroslav Sophies Schwester Marie (Rischel) seit 1886 verheiratet war, nahm die Gruppe teil. Es war dieselbe »Rischel«, die Franz Ferdinand schon 1882 auf dem Augartenball als schönste aller anwesenden Damen bezeichnet hatte. Das Ehepaar Thun verbrachte auch mehrere Urlaube gemeinsam mit dem Thronfolger auf seinem Jagdschloss in Lölling und Franz Ferdinand traf bei Jagden in Tetschen mit den Thuns zusammen. Im August 1894 jagte Franz Ferdinand mit dem Schwager seiner zukünftigen Frau in Tetschen. Unvorstellbar, dass in den ganzen Jahren der Bekanntschaft die jüngere Schwester Sophie niemals zugegen war.

Ebenso möglich ist es, dass sich die beiden bei Familienfesten des Hauses Habsburgs begegneten. Immerhin war Sophie in der Zwischenzeit seit mehr als fünf Jahren im Dienst der Erzherzogin Isabella und begleitete diese auf viele Reisen. Eine Menge Fotos zeigen, dass Sophie bei mehreren Jagden und Familienzusammenkünften anwesend war. Ein im Jahr 1890 im Meran aufgenommenes Familienfoto zeigt Sophie in der Bildmitte in der hintersten Reihe, nur durch eine Person von ihrem späteren Schwiegervater Erzherzog Karl Ludwig getrennt stehend. Franz Ferdinand ist auf diesem Foto allerdings nicht abgebildet. Eine der ersten gemeinsamen Fotografien des späteren Thronfolgerehepaares entsteht im Jahre 1892 beim Taubenschießen im böhmischen Pardubitz (siehe Seite 55), eine weitere auf einer Jagdpartie in Halbthurn (S. 99), dem Sommersitz des Erzherzogs Friedrich und der Erzherzogin Isabella. Der böhmische Graf Adalbert Sternberg, ein späterer Bekannter des Paares, spekuliert in seinen Memoiren über ein mögliches Kennenlernen der beiden in Abbazia oder an einem anderen der Habsburger-Urlaubsorte. Möglich ist alles, doch niemand weiß es genau.

Mit hoher Wahrscheinlichkeit kann jedoch das Jahr 1894 als Startpunkt der Beziehung angesehen werden, denn einer der wenigen erhaltenen Briefe von Erzherzog Franz Ferdinand an Gräfin Sophie Chotek stammt vom April 1894. Da er mit der förmlichen Anrede »Verehrteste Gräfin!« beginnt, dürfte er aus der Anfangszeit der Beziehung stammen. (Später begann er die Briefe mit »Geliebteste Soph!«.) In diesem Brief bezieht sich Erzherzog Franz Ferdinand auf ein Fest im Hause des Grafen Larisch in Wien, bei dem Sophie so plötzlich verschwunden sei, dass er sich gar nicht von ihr verabschieden habe können, sowie auf ein früheres Treffen im italienischen Badeort Nervi.

Nach dieser Begegnung scheint es sehr schnell weitergegangen zu sein. Im August 1894 karikiert Erzherzog Otto, der Bruder Franz Ferdinands, der ein begabter Zeichner war, Sophie. Wahrscheinlich kannten die beiden sich über Sophies Vater, Graf Bohuslav Chotek, der als Gesandter am sächsischen Königshof mindestens einmal im Jahr mit Erzherzog Otto zusammentraf, wenn dieser die Familie seiner Frau in Dresden besuchte. Sophie schickt die Karikatur an Franz Ferdinand, der sich in Budweis aufhält. Von dort schreibt er am 18. August 1894 einen Brief, in dem er wieder an die heiteren Tage in Wien erinnert, »... an unseren Derwischball, der schon ganz herrlich war, dann der Besuch des Belvederes, wo ich Sie, Ihre Müdigkeit nicht ahnend, mit besonderer Rohheit von Kasten zu Kasten schleppte ... Unser letztes Tanzerl bei Sacher.«[56] Obwohl er wieder erste gesundheitliche Schwächen zeigt und sich »recht unwohl« fühlt, verspricht er bald wieder nach Preßburg, Sophies Dienstort, zum Tennisspielen zu kommen. »Erinnern Sie sich noch an das große Match gegen [Erzherzogin] Isabelle, das wir gewonnen haben?«[57]

Besuche in Preßburg

Neben den immer regelmäßiger werdenden Besuchen im Hause seiner angeheirateten Cousine Erzherzogin Isabella begann Franz Ferdinand im September 1894 auch noch eine eifrige Korrespondenz mit Sophies Dienstgeberin. Bei den Besuchen, die oft mehrere Tage dauerten, wurden mehrere Zimmer für Franz Ferdinand und seinen Kammerherren Janaczek, der ihn meist begleitete, frei gemacht. In Preßburg wurde zu einem großen Teil des Aufenthaltes Sport betrieben. »Bitte, wie gewöhnlich alle Sport-Utensilien und Adjustierungen von den Rackets bis zum Schwimmkostüm mitzubringen«, schrieb Isabella an Franz Ferdinand.[58] Neben Tennis und Schwimmen ritt der Thronfolger mit den ältesten Töchtern aus. Aber auch das künstlerische Element kam nicht zu kurz. Eine Fotografie aus dieser Zeit zeigt Isabella mit den Töchtern am Klavier, Franz Ferdinand, der ein passabler Geiger war, mit der Violine in der Hand. Auf diesem steht Sophie von ihrem späteren Gemahl so weit als möglich entfernt.

Erzherzogin Isabella und Erzherzog Friedrich hatten inzwischen acht Töchter, von denen die jüngste erst knapp zwei Jahre alt, die älteste Marie Christine aber schon im heiratsfähigen Alter von 16 Jahren war. Zeit um an einen standesgemäßen Ehemann für sie zu denken, und wer wäre da passender als der künftige Kaiser von Österreich-Ungarn. Noch dazu, wo der Erzherzog der Mutter der potenziellen Bräute regelmäßig schrieb und das Haus regelmäßig besuchte. Vielleicht war er ja an einer ihrer Töchter interessiert. Erzherzogin Isabella tat daher ihr Bestes, um die in ihren Augen aufkeimende Liaison zu fördern. Sie drängte den Thronfolger immer wieder zu Besuch zu kommen. »Ich war furchtbar gerührt aus deinem Brief zu ersehen, dass du ... Dich so freundlich an deinen Besuch hier erinnerst. Das ist sehr schön von dir und ich hoffe du wirst diese edle Gesinnung bewahren und durch baldiges Wiedersehen beweisen.«[59] Danach lässt sie anklingen, dass das Leben ohne Franz Ferdinand in Preßburg gar so langweilig sei. »Seit deinem Besuch haben wir gar nicht mehr Tennis gespielt, der Platz ist verödet ...«[60] Zu dieser Zeit wurde aber auch mit einer Verbindung des Erzherzogs mit dem englischen Hof spekuliert. Im Sommer 1894 war Franz Ferdinand als Vertreter des Kaisers nach England gereist und hatte im August in Balmoral gejagt. Sofort hoben Gerüchte um eine Verbindung mit einer der Töchter des Prinzen von Wales, des späteren Königs Edward VII., an. Ein Mitarbeiter Franz Ferdinands, Freiherr Albert Margutti, behauptet einen Brief des englischen Hofes aus Sandringham auf dem Schreibtisch des Thronfolgers gesehen zu haben, in dem von einer Verbindung mit einer Prinzessin »Mary« die Rede sei. Wahrscheinlich handelte es sich um die zweite Tochter des Prinzen von Wales, Victoria Alexandra Mary, die aber, ebenso wie einst Prinzessin Mathilde von Sachsen, zu den nicht gerade anziehendsten Frauen gehört haben soll. Ebenso wie Mathilde sollte auch Victoria, die später nur noch »poor toria« genannt wurde, ihr Leben lang unverheiratet bleiben. Eine Ehe zwischen beiden Herrscherfamilien war ein unwahrscheinliches, wenig Erfolg versprechendes Projekt. Zum Ersten waren die Windsors ein tief anglikanisches Haus, das eine Verbindung mit dem zukünftigen Kopf der strikt katholischen Habsburgermonarchie, wenn nicht sofort abgelehnt, sich doch zumindest sehr lange überlegt hätte. Zweitens hätte auch der Umstand, dass Franz Ferdinand sehr wenig Englisch sprach, die Kommunikation zwischen den Ehepartnern sehr erschwert.

Gesundheitlicher Zusammenbruch

Vorläufig macht die schwindende Gesundheit des Thronfolgers aber allen Heiratsplänen einen Strich durch die Rechnung. Im Juli 1895 erleidet Franz Ferdinand einen gesundheitlichen Zusammenbruch. Die Diagnose, die der bekannte Arzt Victor Eisenmenger stellt, ist eine düstere: »Hohes Fieber, rasche Gewichtsabnahme, an der rechten Lungenspitze ziemlich ausgebreitete tuberkulöse Veränderungen. Auch die linke Spitze war suspekt.«[61]

Die Schwere der Krise wird bis zum Abschluss der Sommermanöver im August vor der Öffentlichkeit geheim gehalten werden. Erzherzog Franz Ferdinand informiert vorab seine Verwandtschaft. »Ich kann dir gar nicht sagen, wie sehr mich dein soeben erhaltener Brief betrübt und wie sehr ich mit dir beschäftigt bin«, schreibt Erzherzogin Isabella, die sich nicht erklären kann, »dass du, der so rüstig bist und so fabelhaft viel ausgehalten hast, jetzt auf einmal dich schwach und elend fühlst«.[62] Sogar der Kaiser drückt sein Mitgefühl schriftlich aus. »Dein Brief vom 30. Juli hat mich schmerzlich berührt, ich wusste gar nicht, dass du schon seit längerer Zeit erkrankt bist ...« Aber auch er spart nicht mit guten Ratschlägen. »Ich muss dich dringend aufmerksam machen, dass es deine heilige Pflicht ist, jetzt nur für deine Gesundheit zu leben und Alles zu tun, um dieselbe herzustellen. Du musst baldmöglichst an einen stillen Gebirgsort ziehen, dort ganz ruhig bleiben, später ein südliches Klima aufsuchen ... und dort den ganzen Winter auch wieder ganz ruhig zubringen, vor Allem aber den Weisungen des dich begleitenden Arztes genauestens folgen. Nur so kannst du deine Gesundheit wiedererlangen und ich hoffe, dass du auch ein wenig mir zulieb, geduldig und ausdauernd sein wirst, wenn es auch recht langweilig sein wird.«[63]

Der Hof war bei der Prognose des kranken Erzherzogs weniger optimistisch. Den meisten schien es unmöglich, dass ein Mensch einen so schweren Tuberkuloseanfall überleben konnte. Ein Lungenspitzkatarrh war in diesen Präpenicillinzeiten ein fast sicheres Todesurteil. Zum Glück gab es ja noch Erzherzog Otto, der selber schon Vater zweier Söhne war und den Thron dadurch gesichert hatte, tuschelte man sofort hinter vorgehaltener Hand.

Reise nach Meran

Ausgeschlossen war eine Heilung aber nicht. Eine lange Reise in klimatisch günstige Gebiete, wo sich die angegriffenen Lungen

erholen konnten, war aber das einzige potenzielle Heilmittel. Die bevorzugten Orte, die eine Genesung verhießen, lagen entweder am Mittelmeer (Riviera, Sizilien, Ägypten) oder im Gebirge (Davos, Arosa). Erzherzog Franz Ferdinand, der früher mit Begeisterung im Ausland umhergereist war, wollte aber auf einmal lieber in seiner Heimat bleiben (aus uns verständlichen Gründen). So konnten sich der Erzherzog und seine Leibärzte Schrötter und Eisenmenger darauf einigen, die Kur auf der Mendel, einem Südtiroler Gebirgspass bei Bozen, zu beginnen.
Dort stiegen der Erzherzog und sein Gefolge im Hotel »Europe« ab. Hier verkehrte die erste Gesellschaft Europas, unter anderem Felix Dahn und Konrad Röntgen. Aber unter den Gästen des Hotels befanden sich neben den wirklich Prominenten zahlreiche Adabeis, die sich in der Anwesenheit der hohen Gäste sonnten oder, was noch schlimmer war, Anschluss suchten. Eine spezielle Gruppe dieser Leute war auf Franz Ferdinand geradezu fixiert. Seit seiner Weltreise folgten sie ihm an alle seine Urlaubsorte: Ägypten, Riviera und in die Schweiz, mit eigennützigen Absichten. Eine in der Wiener Gesellschaft bekannte Dame mit ihrer schönen Tochter suchte, um es mit Franz Ferdinands Leibarzt auszudrücken, »augenscheinlich einen intimen Anschluss, wenn auch auf Kosten der Legitimität«. Doch Franz Ferdinand war für die weiblichen Reize dieser Wienerin unempfindlich. Wenn er die beiden nur von weitem sah, drehte er sich um und ging in die andere Richtung.
Für Frauen hatte er in seinem gegenwärtigen Zustand sowieso nicht die Kraft. Er konnte nur unter größten Schwierigkeiten kleinere Strecken zurücklegen und musste sich dann sofort wieder ausruhen. Den größten Teil des Tages verbrachte er auf einer Liege im Hotelgarten. Glücklich machte ihn das nicht. »Ich bin physisch und vor allem moralisch gebrochen«, schreibt er an seine Freundin Gräfin Nora Fugger. Er muss nun »... für lange Zeit auf jede Lebensfreude verzichten, ich muss die Jagd, das Reiten, jede Beschäftigung aufgeben und nur als siecher Krüppel leben. Hier liege ich den ganzen Tag auf einer Veranda, auf einer Chaiselongue herum, nähre mich von Milch und Arzneien und huste

fort.«[64] Auch den Rat seines Onkels, sich strikt an ärztliche Ratschläge zu halten, befolgte er nur sporadisch. »Sie sperren mich ja ein wie ein wildes Tier«, warf er seinem Arzt mitunter an den Kopf, wenn ihm das lange Ruhen wieder einmal zu langweilig geworden war.

Die einzige Abwechslung war die Bearbeitung der täglichen Post. Der Thronfolger erhielt sehr viele Briefe von besorgten Bürgern aller Nationen, die ihm ihre persönlichen Hausmittel empfahlen. Ein Amerikaner empfahl Franz Ferdinand beispielsweise, dass der Erzherzog sich täglich ein Stück rohes Hammelfleisch auf die Brust legen sollte, um eine schnelle Besserung zu erlangen. Andere legten gleich selbst gebraute Medikamente bei, die sie dem Thronfolger ans Herz legten. Die Briefe wurden stets von Honorarforderungen von zum Teil beträchtlicher Höhe begleitet, denn für die Gesundheit sollte einem ja bekanntlich nichts zu teuer sein. Am Anfang amüsierte sich Franz Ferdinand über diese Korrespondenz, übergab sie dann aber bald seinem Kammervorsteher Graf Wurmbrand zur Beantwortung.

Der Erzherzog erhielt außerdem eine beträchtliche Anzahl von Privatbriefen, auf deren Beantwortung er einen Großteil seiner Zeit verwandte. Seine Familie schrieb ihm regelmäßig und auch mit Freunden wie Gräfin Fugger unterhielt er einen regen brieflichen Austausch. Aber da kam noch eine Vielzahl anderer Briefe, alle von einer Person. Diese Korrespondenz war ihm besonders wichtig, denn schon die kleinste Verspätung der Post regte ihn maßlos auf. Sobald er diese Briefe gelesen hatte, besserte sich seine Stimmung allerdings so weit, dass er selbst die ungeliebten Ratschläge seiner Ärzte ohne großes Aufheben befolgte. »Manches Mal, wenn ich schon ganz kleinlaut war und es schien, dass der Erzherzog nicht mehr zu halten sei, kam ein plötzlicher Umschwung, und er wurde wieder ein musterhafter Patient«, beschrieb Eisenmenger die plötzlichen Anwandelungen seines Arbeitgebers. Die Absenderin der Briefe war Gräfin Sophie Chotek, die Dame seines Herzens.

Da die Korrespondenz nicht erhalten ist, fehlen uns wichtige Erkenntnisse über den Charakter der Beziehung. Allerdings erwartete er die Briefe mit großer Sehnsucht. Eine der Postkarten, die er Sophie schrieb, lautete: »Obermais (Meran), Dort wohnt ihr alter Franz und lauert auf dem Postamt auf Briefe von der kleinen Sopherl!«[65] Oft erhielt der Thronfolger täglich mehrere Briefe. Die Intensität des Briefwechsels spricht dafür, dass es sich hierbei nicht um oberflächliches Geplänkel gehandelt hat, zu dem weder Franz Ferdinand noch Sophie neigten, sondern um einen regen geistigen Austausch.

Geheimnisvoller Briefwechsel

In der Umgebung des Thronfolgers löste sein geheimnisvoller Briefverkehr Erstaunen aus, denn dies war ein eindeutiges Indiz für eine intensive Beziehung. Mann und Frau verkehrten in dieser Zeit, die nur 100 Jahre zurückliegt, nicht ungezwungen. Fand ein Herr eine Dame attraktiv und wollte er diese näher kennen lernen, konnte er bei einer Abendgesellschaft mit ihr tanzen, aber nur genau einmal pro Saison. Ein zweiter Tanz wurde unweigerlich als ernsthafte Heiratsabsicht ausgelegt und galt als informelle Verlobung. Nur sehr romantische, impulsive Gemüter kamen für diese Art der Werbung in Frage. Ein Herr, der also eine anständige Dame näher kennen lernen wollte, musste während des einen Tanzes, der ihm pro Saison gestattet war, der Dame das Versprechen abringen, mit ihr korrespondieren zu dürfen. Danach richtete der Hoffnungsvolle brave Postkarten an das erwählte Mädchen, und zwar ausschließlich Postkarten, die von der Mama der potenziellen Braut natürlich mitgelesen und möglicherweise sogar zensiert wurden. Nach mehreren Postkarten konnte man unter Umständen zum Briefeschreiben übergehen, aber in kleinem Ausmaß. Tägliche Briefe und Postkarten, wie sie Franz Ferdinand und Sophie schrieben, auch später noch, als sie schon längst miteinander verheiratet waren, aber einige Tage getrennt voneinander verbringen mussten, waren etwas Ungeheuerliches.
Im Gefolge des Erzherzogs löste die geheimnisvolle Korrespon-

denz des Erzherzogs Verwunderung aus. Eines Tages spricht Dr. Eisenmenger Franz Ferdinands Kammervorsteher Leo Wurmbrand auf die vielen Briefe an. Dieser ist weit weniger ahnungslos als der Arzt, denn er wusste bereits, dass hinter den Briefen »ein Frauenzimmer«, so seine überlieferten Worte, steckte. Nicht nur das, Wurmbrand antwortete zudem noch mit einem viel sagenden: »Ich weiß auch, wer es ist. Es ist eine Verwandte von mir, ich werde ihr aber das Handwerk schon legen.«[66] Wurmbrands entfernter Großneffe war Graf Leopold Nostitz, der Ehemann von Sophies Schwester Karoline. Seine Vermutung, dass es sich hier um ein kleines, unbedeutendes Techtelmechtel zwischen »Erzherzog und Komtesschen« handelte, das ein kurzes Gespräch unter Verwandten beenden konnte, war eine der größten Fehleinschätzungen seiner Karriere.

Wurmbrand fällt in Ungnade

Bald war der Winter da und damit Zeit, vom immer kühler werdenden Südtirol in ein für Lungenkranke angenehmeres Klima zu übersiedeln. Da man sich nicht zwischen Ägypten und Madeira entscheiden konnte, fuhr man, sozusagen als interimistische Lösung, auf die Insel Lussin in der Adria. Wieder verbringt der immer noch schwache, aber schon gesundere Thronfolger die meisten Tage liegend auf einem Kanapee, wieder erhält er zahlreiche Besuche von Verwandten und Bekannten, die ihm den langen Tag verkürzen. Ein Gast ist Graf Adalbert Sternberg aus Böhmen. In Unterhaltungen lässt der Erzherzog dabei mehrmals die Bemerkung fallen, dass er sich wohl nicht ebenbürtig vermählen wird. Aber Graf Sternberg nimmt das nicht ernst. Die Vorstellung, dass ausgerechnet der Thronfolger den Habsburger Hausgesetzen trotzen würde oder konnte, war unvorstellbar. Zudem war die Toleranz der Familie gegenüber solchen Verbindungen derart, dass der Selbstmord einer unstandesgemäßen Ehe vorzuziehen war, wie der von Franz Ferdinand so ungeliebte Cousin Erzherzog Leopold in seinen Erinnerungen schreibt. Eine weitere Handlung in dieser Zeit wies Eingeweihte darauf hin, dass Franz Ferdinand sein Herz verloren hatte. Für Ausfahrten um die Insel suchte er sich ausgerechnet ein Boot mit dem Namen »Sophie« aus.

In Lussin fiel die Entscheidung über das nächste Reiseziel. Man einigte sich auf Ägypten, da das trockene, warme Klima den angegriffenen Lungen Franz Ferdinands wohl am besten bekommen würde. Der Kreis der Mitreisenden des Erzherzogs wurde allerdings reduziert, und zwar um dessen Kammervorsteher Leo Wurmbrand. Seine Dienste wurden nicht mehr benötigt. Eine Rückfrage von Eisenmenger wird von Franz Ferdinand kurz und unfreundlich mit einem »Er soll mich in Ruhe lassen« beantwortet. Nach einigem Drängen wird er deutlicher: »Ich kann keinen Obersthofmeister brauchen, der sich in meine Sachen hineinmischt.« Wurmbrand war damit Vergangenheit geworden. Weder seine Gesellschaft noch seine Arbeitsleistung waren erwünscht. Ein langes Arbeits- und Freundschaftsverhältnis hatte ein plötzliches Ende gefunden. Graf Leopold Wurmbrand-Stuppach hatte Franz Ferdinand durch seine ausklingende Jugend und sein noch junges Erwachsenenleben begleitet, mit ihm gejagt oder ausgelassene Feste gefeiert. Sie traten oft gemeinsam auf, der junge dunkelblonde, schlanke Erzherzog und sein dunkelhaariger Kammerherr und späterer Kammervorsteher. Bei fast allen gesellschaftlichen Anlässen und Jagden wurde Leo Wurmbrand gemeinsam mit Franz Ferdinand eingeladen. Doch sein großer Einfluss auf den Thronfolger war vorüber und noch schlimmer, mit der Kritik an der neuen Liebe seines Herrn hatte er seinen jahrelangen Vertrauensbonus verspielt. Nach zwölf Jahren war seine Zeit abgelaufen. Im April 1896 wurde er offiziell seiner Funktion enthoben.

Skandal in Ägypten

Das Zerwürfnis mit Wurmbrand war nicht das einzige Problem, das sich während der Ägyptenreise auftat. Ursprünglich wollte

Erzherzog Franz Ferdinand auch gar nicht nach Ägypten fahren. Der Grund dafür war der österreichisch-ungarische Konsul Karl Freiherr Heidler von Egeregg, mit dem er schon während seiner Weltreise Probleme gehabt hatte. Franz Ferdinand machte seine Bedenken schon im Vorfeld der Reise deutlich. »Heidler ist ein ehrgeiziger und eitler Mann, und wenn ich nach Ägypten komme, wird er mich überall aufführen und herumschleppen, um sich wichtig zu machen. Ich will aber keine Diners, Audienzen und Empfänge, ich brauche Ruhe und will Ruhe haben.«[67] Sein Arzt Eisenmenger schreibt daraufhin einen Brief an den Konsul, in dem er bittet, dass der Erzherzog aufgrund seines Gesundheitszustandes äußerster Schonung bedarf. Ohne Erfolg, denn kaum ist der Thronfolger in Kairo eingetroffen, steht Heidler schon im Hotel und bittet um eine Audienz. Er wird abgewiesen, was ihn nicht daran hindert, sein Ansinnen in den folgenden Tagen noch mehrmals vorzubringen. Als er wieder einmal vor dem Zimmer des Erzherzogs steht, um vorgelassen zu werden, muss er durch den Vorhang, der ihn vom Thronfolger trennt, dessen donnernde Stimme vernehmen, der da sagt: »Sagen Sie dem Esel, er soll mich in Ruhe lassen!«[68] Der eitle und offenbar auch sehr sensible Heidler war darauf angeblich dem Selbstmord nahe und beruhigte sich erst wieder, als Außenminister Graf Goluchowski ihm die Verleihung des Großkreuzes des Franz-Josephs-Ordens zusagte.
Zudem wird der Erzherzog bei seiner Ankunft in Ägypten von einem Arzt untersucht, der ihn für »verloren« erklärt und dann mit dem Erzherzog stundenlang durch Kairo streift, um ihm vor seinem herannahenden Tode noch ein wenig Vergnügen zu gönnen. Das Vergnügen und der Schlafmangel rächen sich prompt in einer weiteren Verschlechterung des Gesundheitszustands. Franz Ferdinand hustet wieder, hat hohes Fieber und leidet an einer andauernden Heiserkeit, die befürchten lässt, dass sich die Tuberkulose bis zum Kehlkopf ausgebreitet hat. Die ungarischen Zeitungen melden Anfang 1896 sogar schon den Tod des Thronfolgers.
Nach der Kehlkopfkomplikation erteilen ihm die Ärzte ein

Sprechverbot, »... so dass ich jetzt faktisch das Leben eines Grottenolms führe«, wie Franz Ferdinand gegenüber Gräfin Nora Fugger klagt. »Ein Kartäuser ist ein Lebemann gegen mich«, seufzt er. Am meisten fehlt ihm der Beistand einer Frau. »Was mir aber am meisten abgeht, das ist irgend ein liebes, weibliches Wesen, das einen pflegt und bändigt, denn da kann man sagen, was man will, dies trifft nur eine Frau ...«[69]
Statt einer Frau bittet er seine Familie zu sich und kann die Ankunft seines Vaters, seiner Stiefmutter und seiner beiden Schwestern kaum erwarten. »Nur zwei Zeilen, da ich dich Gott sei Dank in wenig Tagen umarmen kann!«, schreibt er am 22. Januar 1896 an Erzherzogin Marie Therese. Die Anwesenheit der Eltern wird ihm sogar den Aufenthalt auf dem verhassten Nilschiff, der Dahabye, versüßen, mit der der Erzherzog eine Kreuzfahrt unternimmt. »Was ich diesen ganzen Monat ganz allein in diesem Folterwerkzeug des 19. Jahrhunderts, der Dahabye, gelitten habe, kann ich nicht beschreiben, ebenso wie meine Sehnsucht nach dir! ... Durch deine liebe Anwesenheit wird mir diese tötend langweilige Fahrt zu einer angenehmen werden ... Und nun küsse ich dir die Hände, freue mich rasend auf deine Ankunft, die mich vor der Tobsucht rettet! bleibe, dein treuer Sohn Franzi.«[70] Gemeinsam verlebt die Familie einen schönen Monat in Ägypten. Am 4. März ist das familiäre Beisammensein zu Ende. Seine Eltern und Geschwister fahren weiter nach Palästina, da der fromme Erzherzog Karl Ludwig das heilige Land endlich einmal kennen lernen will. Franz Ferdinand ahnt nicht, dass er beim Abschied den Vater zum letzten Mal lebend sieht.
Auch für den Erzherzog ist die bewegte ägyptische Zeit vorbei. Die gefürchteten Wüstenstürme haben bereits begonnen, und ein Wechsel des Aufenthaltsortes ist nötig. Er reist mit seiner Entourage an die Riviera nach Monte Carlo.

Erzherzog Karl Ludwig stirbt

Nach einem vergnüglichen Abend in Monte Carlo erreicht Franz Ferdinand eine dringende Depesche, die ihm von der schlimmen Krankheit seines Vaters berichtet. Bei seinem Besuch im heiligen Land hatte Erzherzog Karl Ludwig vom Jordanwasser getrunken, denn er versprach sich vom Genuss des geweihten Wassers besondere Stärkung. Stattdessen infizierte er sich mit gefährlichen Ruhrbakterien. Seine Krankheit nicht ahnend, lebte er noch Wochen sein normales Leben. Als er den Besuch des Burgtheaters schon vor Ende der Vorstellung abbrechen muss, weil er sich nicht wohl fühlt, weiß er, dass etwas nicht stimmt. Dies fiel auch allgemein sofort auf, denn Karl Ludwig war einer der wenigen Erzherzoge, die Theatervorstellungen stets in vollen Zügen und bis zum letzten Vorhang genossen. Es folgte eine lange Bettruhe, und wenn anfangs noch Hoffnung bestand, der Krankheit Einhalt gebieten zu können, wurde die mit jedem Tag kleiner. Alle Termine mussten abgesagt werden, auch eine lange geplante Reise zur ungarischen Millenniumsfeier nach Budapest. Am 18. Mai empfängt er die heiligen Sakramente und seinen Bruder Kaiser Franz Joseph zu einem letzten Besuch. Die Ärzte begannen derweil mit der Formulierung der Meldungen an die Wiener Blätter. Am Abend desselben Tages erscheint die erste offizielle Nachricht von der Krankheit des Thronfolgers in der Wiener Abendpost. »Seine kaiserliche und königliche Hoheit der durchlauchtigste Erzherzog Carl Ludwig erkrankte im Monat März an einem ruhrartigen Darmkatarrh (...), welcher, begleitet von intercurrierendem Fieber, einen schleppenden Verlauf nahm. Trotzdem die Darmfunktion allmählich anscheinend normal wurde, traten unter öfters wiederkehrendem Fieber die Folgezustände der Darmläsion und der mangelhaften Nahrungsaufsaugung eine fortschreitende Abmagerung und Abnahme der Kräfte ein, die sich in letzter Nacht zu bedrohlichen Erscheinungen von Herzschwäche steigerte.«[71] Die nächste Meldung, die besagt, dass der Zustand des Erzherzogs unverändert ernst ist, wird gar nicht mehr an die Zeitun-

gen abgesendet. Denn in den frühen Morgenstunden des 19. Mai empfängt Karl Ludwig den päpstlichen Segen und um halb sieben Uhr morgens schließt er für immer die Augen.
Franz Ferdinand ist zu der Zeit noch immer im Zug auf dem Weg nach Wien. Am Bahnhof Sankt Pölten empfängt ihn sein Bruder Erzherzog Otto, der ihm bis hierher entgegengefahren ist, ihm aber nur noch die Nachricht vom Tod des Vaters überbringen kann. Die beiden fahren gemeinsam weiter nach Wien, wo sie am Westbahnhof schluchzend den Rest der Familie in die Arme schließen. Im Palais in der Favoritenstraße angekommen, begibt sich Franz Ferdinand sofort in das Sterbezimmer und betet am Bett seines Vaters.
In einer Extraausgabe der »Wiener Zeitung« wird der Verstorbene in geschliffener Sprache gewürdigt. »Eine bezaubernde Kraft, aus Hoheit und Leutseligkeit gemischt, ging von dem erlauchten Herrn aus, um den heute die Trauerklage ertönt. Wo er sich zeigte, gaben sich die Herzen willig jener Kraft gefangen ...« Seine Verdienste um das Kaiserreich werden anerkannt. »Immer hat Erzherzog Karl Ludwig jenes altösterreichische Pflichtgefühl, jene hingebungsvolle Treue bewährt, in deren segensreicher Betätigung Ihm Sein Kaiserlicher Bruder ein leuchtendes Vorbild war. Der zärtlichste Gatte, der liebevollste Vater ist mit Ihm dahingegangen.«[72]

Erzherzog Franz Ferdinand wird Thronfolger

Mit dem Tod des Vaters ändert sich einiges im Leben des Thronfolgers. Franz Ferdinand erbt unter anderem das Schloss Artstetten in Niederösterreich, in dem seine Eltern am Anfang ihrer Ehe angenehme Tage verlebten und in dem seine Schwester Margarethe geboren wurde. Gleichzeitig drückt sein Vater in seinem Testament den ausdrücklichen Wunsch aus, dass der Kaiser seinen Kindern nur solche Ehen gestatten soll, »welche denselben nicht eine mit unserer Dynastie und in unserem Staate jetzt maßgebenden Grundsätzen und Übungen in Widerspruch stehende Richtung geben könnte«.[73] Da er diesen Wunsch besonders an die Töchter richtet, ist nicht davon auszugehen, dass er von der streng geheimen Liebesbeziehung seines Sohnes und der Gräfin Chotek weiß, obwohl auch er sicher zum einen oder anderen Zeitpunkt Zeuge des heftigen Briefwechsels geworden ist. Dass seine zukünftige Schwiegertochter in der Kapuzinerkirche seiner Trauerfeier bereits beiwohnt, hat er sicherlich nicht geahnt. Sie ist gemeinsam mit Erzherzog Friedrich, Erzherzogin Isabella und den beiden ältesten Töchtern angereist.

Die größte Änderung in Franz Ferdinands Leben ist, dass er mit dem Tod seines Vaters zur Nummer eins in der Thronfolge aufrückt. Es erfolgt aber keine diesbezügliche Ankündigung, so wie auch sein Vater nach dem Tod Kronprinz Rudolfs keinen zusätzlichen Titel erhalten hatte. Damals hatte man das mit dem Schock des Kaisers und dem fortgeschrittenen Alter Karl Ludwigs erklärt, aber jetzt? Franz Ferdinand bleibt weiterhin gewöhnlicher Erzherzog mit dem Zusatz von »Österreich-Este«. Er erhält zwar einen eigenen, größeren Hofstaat mit Obersthofmeister, aber sein Bruder Otto erhält ihn ebenfalls, was den Hof und das diplomatische Korps verwundert. Noch größeres Erstaunen löst die Berufung der Obersthofmeister der beiden Erzherzöge aus. Während Erzherzog Otto den jungen, ambitionierten Fürst Alfred Montenuovo zugeteilt bekommt, wird für den Hof Erzherzog Franz Ferdinands der ehemalige Statthalter von Böhmen Graf Franz Thun engagiert. Diese Vorgehensweise ließ eigentlich nur eine Interpretation zu: Der eigentliche Thronfolger war dem Tod geweiht, und der nächste Kaiser würde Otto heißen.

Warum sonst sollte das Kaiserhaus so viel Geld in zwei gleich große Höfe investieren und warum nahm ein hoher, verdienter Staatsmann wie Franz Thun ein untergeordnetes Hofamt beim Thronfolger an? Doch nur wenn er wusste, dass seine Zeit in einem solchen beschränkt sei. Die Bestellung Thuns war auch ohne vorherige Absprache mit dem Erzherzog erfolgt, der mit der Wahl ganz und gar nicht zufrieden war. »Er ist zwar mein Freund«, erzählt Franz Ferdinand seinem Leibarzt, »aber ein viel zu großer Herr, ein Mann von maßlosem Ehrgeiz, der mich als Sprungbrett für seine hochfliegenden Pläne benutzen will. Ich kann einen solchen Herrn nicht brauchen. Ich brauche keinen Hofmeister, ich brauche einen Mann, der genau das ausführt, was ich ihm befehle, und der acht gibt, ob die Weiber die Stiegen ordentlich reiben.«[74]

Zudem wies der Kaiserhaus Erzherzog Otto das Augartenpalais als Residenz zu, damit dieser angemessen repräsentieren konnte, denn er hatte bis dahin in Klagenfurt gelebt. Ottos Gattin Erzherzogin Maria Josepha nahm immer öfter bei gesellschaftlichen Anlässen die Rolle der meist von Wien abwesenden Kaiserin ein. Damit war für Beobachter klar – Erzherzog Otto war der Mann der Stunde und damit der eigentliche Thronfolger und nicht Erzherzog Franz Ferdinand!

Franz Ferdinand war empört, wie schnell er zu den Toten gelegt worden war – und das, obwohl es ihm schon viel besser ging. Seinem Bruder gab er an den Entwicklungen keine Schuld. Er wusste selber, dass dieser mit seiner neuen Stellung und den Verpflichtungen, die damit zusammenhingen, unglücklich war. »Audienzen, offizielle Empfänge, Erscheinen bei großen Festlichkeiten, Diners und Soireen im Augarten, den er Auwehgarten zu nennen pflegte ..., waren durchwegs Dinge, die er hasste«, berichtete Gräfin Nora Fugger, die auch Otto sehr gut kannte. Sein Auftreten bei diesen gesellschaftlichen Ereignissen ließ stark zu wünschen übrig. »Ich habe selten ... etwas Unbeholfeneres gesehen als die Konversation des armen Erzherzogs Otto, wenn er in die Lage kam, Cercle machen zu müssen«, erzählte der Diplomat Graf Heinrich Lützow, der Otto bei seinen wiederkehrenden Dresdenbesuchen betreute, in seinen Memoiren. »Beim Empfang des ... diplomatischen Corps hatte er immer nur die stereotype Frage: ›Sind Sie schon lange hier?‹ Graf Dönhoff, ... den diese alljährlich wiederkehrende Frage schon langweilte, antwortete ihm einmal: ›Jawohl, Kaiserliche Hoheit, jetzt sind es schon neunzehn Jahre, voriges Jahr waren es erst achtzehn!‹«[75]

Otto hatte die gegenwärtige unglückliche Situation Erzherzog

Franz Ferdinands also nicht zu verantworten. Dem Kaiser gab Franz Ferdinand auch keine Schuld. Nein, die Schuld an seiner ganzen Misere lag für den Thronfolger in der Person des neuen Ministers des kaiserlichen Hauses und des Äußern Graf Agenor Goluchowski, der knapp ein Jahr vorher ernannt worden war. »Es ist unerhört, was der in seiner Meinung gottähnliche Goluchowski und dessen Konsorten erfinden«, schrieb er wutentbrannt an Gräfin Fugger, »um mich zu kränken, vor den Kopf zu stoßen und einfach moralisch tot zu machen!«[76] Er wusste auch, warum Goluchowski ihn so hasste. »Der Zorn dieses gutes Mannes entladet sich über mein unschuldig Haupt, weil ich ihn im Vorjahre aus eigener Anschauung auf einen Fehler in seiner Politik aufmerksam machte, an dem er sich noch die Zähne ausbeißen wird. Aber dass ich mit meinem inferioren Geiste es wagte, nicht gleicher Ansicht mit diesem polnischen Lumpen mundi zu sein, das war zu arg und jetzt habe ich die Folgen zu büßen.«[77] Franz Ferdinand macht sich daher ein besonderes Vergnügen daraus, bei einem Empfang für den russischen Zaren Nikolaus in der Hofburg im August 1896 unangemeldet einfach aufzutauchen, um »den auf meinen Tod lauernden Leuten, vor allem meinen Freunden Badeni und Goluchowski zu zeigen, dass ich noch lebe und ihnen vorläufig das Vergnügen zu sterben noch nicht machen kann«.[78]
Neben Goluchowski machte ihm auch sein neuer Obersthofmeister Thun das Leben schwer. Zwischen dem autokratischen Thronfolger und dem stolzen, oft als hochmütig beschriebenen Thun kam es bald zu Reibereien. Erst stößt sich Franz Ferdinand lediglich daran, dass Thun bei informellen Anlässen in Uniform erscheint, »denn Sie müssen schon verzeihen, aber da Sie nicht Soldat sind noch waren, so macht mir dies, wenn Sie die kriegerische Kleidung anziehen, immer noch den Eindruck einer Maskerade«.[79] Dann wirft er Thun Befehlsverweigerung vor, als dieser beginnt eigene Entscheidungen zu treffen: »Ich mache Sie aufmerksam, dass ich Soldat bin und gewöhnt bin, meine Befehle nur einmal zu geben und strikte Durchführung derselben zu verlangen.«[80]

Es schien also wirklich, als habe sich die ganze Welt gegen den Thronfolger verschworen. »Jetzt habe ich nur mehr zwei Freunde«, sagte Franz Ferdinand zu seinem Arzt Eisenmenger, »die mir treu geblieben sind, Sie und den Janaczek.«[81] Der Erzherzog zieht sich auf sein neu erworbenes Gut Konopischt in Böhmen zurück. Auf einer Anhöhe von Wald umgeben gelegen, baut er das völlig verfallene Gut um und verwendet viel Zeit darauf, den Garten zu gestalten. Er betreibt dort auch eine kleine Viehzucht, unter der sich ein Esel befindet, der auf den Namen Goluchowski hört. Nachdem alles eingerichtet ist, lädt er Erzherzogin Isabella zu einem Besuch ein. Sie kommt, gemeinsam mit ihrer Hofdame. Hier auf dem Schloss möchte er in Zukunft die meiste Zeit verbringen. In einem stillen Moment, den Franz Ferdinand und Sophie gemeinsam verbringen, legt ihr der immer noch hustende Erzherzog das erste Mal sein Herz zu Füßen. Er sagt, dass er sie heiraten und mit ihr hier in diesem Schloss die Flitterwochen verbringen möchte. Sein Gesundheitszustand lässt die sofortige Umsetzung des Versprechens nicht zu, von den Problemen, die sich aus dem Grafenstand, in den seine Frau hineingeboren wurde, gar nicht zu reden.

Seiner Umwelt gegenüber zeigt der Erzherzog-Thronfolger, wie ihn die Presse jetzt manchmal bezeichnet, allerdings kein Heiratsfieber. Im Gegenteil. Als sein ehemaliger Lehrer und Berater Freiherr Max Beck im Jahr 1896 heiratet, gratuliert ihm Franz Ferdinand, merkt aber an, dass diese Glückwünsche »trotz seiner bekannten antimatrimonialen Gefühle« erfolgen. »Eine geliebte Frau nach seiner eigenen Wahl als glückliche Lebensgefährtin zu besitzen, muss wohl sehr schön sein«, setzt er hinzu. »Na, ... sollte ich je wieder gesund werden, vielleicht folge ich auch einmal Ihrem guten Beispiel.« Dies klingt nicht gerade wie das Bekenntnis eines Mannes, der gerade ein Heiratsversprechen abgegeben hat.

Vorerst bleibt es also bei unverbindlichen Zusammenkünften. Im Sommer verbringt Franz Ferdinand auch einen Sejour auf der Villa Wartholz in Reichenau bei Erzherzogin Marie Therese, gemeinsam mit Erzherzogin Maria Josepha, Erzherzog Otto und

Erzherzogin Isabella mit ihren Töchtern und natürlich Gräfin Sophie Chotek.

Schwere Zeiten für Familie Chotek

Die zweite Hälfte des Jahres 1896 bringt schwere Zeiten für Sophie. Ihr Vater Graf Bohuslav Chotek, der im März 1896 mit 67 Jahren von seinem Posten an der Dresdner Gesandtschaft abberufen worden war, war schwer krank. Seine Töchter, darunter auch Sophie, pflegten ihn, soweit ihre Zeit das zuließ. Aber im September 1896 verschlimmerte sich sein Zustand so sehr, dass er in eine Privatklinik nach Görlitz eingeliefert werden musste, wo er wenige Wochen später starb. Seine ehemaligen Kollegen von der Dresdner Gesandtschaft gaben ihm das letzte Geleit, als er am 14. Oktober 1896 in Waltirsche bei Schloss Großpriesen an der Seite seiner Frau und der im Kindesalter verstorbenen Therese beerdigt wurde. Es war das Leben eines verdienten Diplomaten zu Ende gegangen, der das Vertrauen des Kaisers und der Herrscher der Länder, in denen er gedient hatte, genossen hatte. Doch außer einigen Orden, die nach seinem Tod alle pflichtgemäß an das k. k. Ministerium des Äußeren zurückgegeben wurden, war ihm nichts geblieben.
Graf Bohuslav Chotek starb in völliger Vermögenslosigkeit und hinterließ zwei unverheiratete Töchter, die sich ihren Lebensunterhalt nicht selbst verdienten, die 23-jährige Oktavia und die jüngste der Chotek-Schwestern, die 16-jährige Marie Henriette. Antonie hatte 1893 den deutschen Soldaten Baron Adam von Wuthenau geheiratet. Der einzige Sohn Wolfgang arbeitet in der Bezirkshauptmannschaft in der nahe gelegenen Stadt Aussig. Doch sein Gehalt allein reicht nicht aus, um den Lebensunterhalt für ihn und seine zwei noch zu Hause lebenden Schwestern Oktavia und Marie Henriette zu bestreiten.
Als Vormund seiner jüngeren Schwester sucht Graf Wolfgang Chotek daher beim k. k. Ministerium des Äußeren um eine »Gnadengnabe« für seine Schwestern an, die gewährt wird. Mit

600 Gulden pro Jahr fällt diese aber auch nicht gerade allzu üppig aus. Die Lage Sophies ist unglücklich. Beide Eltern tot, zwei Schwestern leben von Kaiseralmosen, sie war in einer Hofposition, der sie nur durch adäquate Heirat entkommen kann, doch auf den Mann ihres Herzens kann sie trotz seines Heiratsversprechens nicht hoffen, weil er dem Tod geweiht scheint.
Im Oktober verschlimmert sich Franz Ferdinands Zustand, aber er hält es geheim und weiht nur die engsten Vertrauten, unter ihnen Erzherzogin Isabella, ein. »Deinem Wunsch gemäß habe ich Niemandem, auch Fritz nicht, von deinem neuen Husten etwas erwähnt«,[82] schreibt sie ihm.

»Mit Wartegebühr beurlaubter Thronfolger«

Wieder kam der Winter, wieder war es Zeit das Quartier zu wechseln. Die Genesung des Erzherzogs Franz Ferdinand machte nun doch gute Fortschritte, aber die Gefahr eines Rückfalls war noch nicht ausgestanden. Man verbringt einige Zeit in Meran, dann auf der Mittelmeerinsel Korsika, in Ajaccio. Der Erzherzog erhält Besuch von Erzherzogin Marie Therese, seinen Brüdern Erzherzog Otto und Erzherzog Ferdinand Carl und der Herzogin von Parma, einer Schwester seiner Stiefmutter. Nach Silvester, als die Gästeschar abreist, wird er wieder von der Verzweiflung übermannt. Er werde »wieder der schwarzen Melancholie in die Arme getrieben«, klagt er seiner Vertrauten Gräfin Nora Fugger und den Grund kennt er auch, »dieses entsetzliche Nest Ajaccio«. Wie immer findet er ausreichend Worte die Furchtbarkeit seines Daseins zu beschreiben. »Man macht sich keinen Begriff, wie das gräulich ist. Der arme Christenmensch findet hier absolut nichts, was ihn nur ein bisschen anregen oder freuen könnte, Wein, Weib und Gesang sind hier nur Begriffe, die man aus Büchern kennt, die Gegend nichts als Stein, keine Leute, keine Aussprache, außer 25 hustenden und spuckenden Berlinern mit scheußlichen Drachen von alten Weibern.« Er unterzeichnet den Brief mit »Ihr ergebenster Eh. Franz –

Ajaccio-Märtyrer«. Über seinen Gesundheitszustand kann er sich immerhin nicht beklagen. Er hat bereits an Gewicht zugenommen und wiegt schon über 90 Kilo. Den Februar verbringt er in Algerien zur Erholung, bevor er nach Österreich zurückkehrt, aber nicht nach Wien, sondern nach Innsbruck.
Nach Wien möchte er momentan nicht fahren. »In der traurigen und lächerlichen Stellung, in die ich hineingezwungen bin, als ›mit Wartegebühr beurlaubter Thronfolger‹«, will er sich nicht in Wien zeigen. Sein Groll über die ihm zugeteilte Stellung am Hof wächst. »Wenn man wenigstens den Takt hätte, mich zu fragen, ob man dies oder jenes nicht meinem Bruder übergeben könne, um mich während meines Unwohlseins nicht so anzustrengen, aber nein, da wird einfach über meine Leiche hinweg, hinter meinem Rücken fortdekretiert.«[83] Die Situation spitzt sich so zu, dass Anfang April der Kaiser selbst einen Brief an Franz Ferdinand schreibt, in dem er die Probleme Franz Ferdinands mit einem »Niemand will dir nahe treten, oder dich zurücksetzen ...« vom Tisch wischt. »Dass du seit dem Tode deines Vaters nicht die Stellung einnehmen konntest, die dir zukommt, lag in deiner Krankheit, welche dir den Aufenthalt in Wien unmöglich machte. Sobald du vollkommen hergestellt sein wirst, wirst du natürlich die Rechte, aber auch die Pflichten deiner Stellung einnehmen.«[84] Kurz nachdem dieser Brief abgesandt wird, begibt sich der Kaiser gemeinsam mit Erzherzog Otto zu einem Besuch nach Sankt Petersburg vom 27. bis 29. April 1897, auf den ihn eigentlich Erzherzog Franz Ferdinand hätte begleiten wollen.
Außerdem plagen ihn Altersprobleme, denn er bekommt eine Glatze. Ein Wundermittel zur Förderung des Haarwuchses versagt. Und sein Kammerfriseur Karl Mellich kann ihm auch nicht weiterhelfen. »Da hilft nichts, Kaiserliche Hoheit san a Habsburger und die Habsburger kriegen Glatz'n ...«[85]
Eine Gesundungskommission stellt im Februar 1898 die vollständige Gesundung des Erzherzogs fest. Nun kann man ihm die Thronfolge mit Hinweis auf seine Gesundheit jedenfalls nicht mehr verweigern. Im März 1898 erhält er daher ein

Handschreiben des Kaisers, das den Neffen »zur Disposition des Allerhöchsten Oberbefehls« stellt.

»Unserem armen Kaiser bleibt wirklich nichts erspart«

Hingegen muss seine Sophie einen weiteren Todesfall erleben. Die erst 14-jährige Natalie, Tochter des Erzherzogs Friedrich und der Erzherzogin Isabella, stirbt am 23. März 1898, drei Wochen nachdem Gräfin Sophie Chotek ihren 30. Geburtstag gefeiert hat. Der Verlust der Tochter trifft die Eltern sehr stark. Erzherzog Friedrich bringt seinen Schmerz über den Verlust der Tochter, »ein so lebensfrisches talentiertes engelsgutes Kind«, in einem Schreiben an Franz Ferdinand zum Ausdruck. »Unvergesslich bleibt der liebe Engel ...«,[86] schreibt er.
Wohl um dem Stress zu entfliehen, unternehmen Franz Ferdinand und Sophie heimlich eine gemeinsame Reise an Bord des Dampfers »Liburna«. Doch das Jahr, das eigentlich ein Jubeljahr sein sollte, hat noch ein weiteres trauriges Ereignis parat: Im September wird die erste Frau des Staates, Kaiserin Elisabeth von Österreich, auf einer Reise in Genf von einem Anarchisten ermordet. Dies bedeutet für Franz Ferdinand eine weitere Fürsprecherin verloren zu haben, denn die Kaiserin hatte stets versucht, das schwierige Verhältnis zwischen Neffen und Onkel zu verbessern.
Auch in Privatangelegenheiten hatte Kaiserin Elisabeth ihn beraten. So wie sie ihre Lieblingstochter Marie Valerie eindrücklich vor einer dynastischen Verbindung gewarnt hatte, so beschwor sie auch ihren Neffen, auf keinen Fall eine Konvenienzehe einzugehen, schon gar nicht mit einer der ihren, einer Wittelsbacherin. »Tu es nicht, Franz. Suche dir anderes Blut«, hatte sie ihm noch im Vorjahr anlässlich eines geplanten Heiratsprojekts mit Sophie in Bayern angeblich gesagt. »Allen zum Trotz rate ich dir: heirate nur die, die du liebst, und keine aus unserem Blut, sonst wirst du hässliche Kinder haben.« Ob sie

die Heirat mit einer Dame außerhalb des Kreises katholischer Prinzessinnen gutgeheißen hätte, ist eine andere Frage. Wohl kaum. Sicherlich dachte sie an ein anderes regierendes Haus, vielleicht eines, in das man noch nicht so viel geheiratet hatte.
Erzherzogin Isabella schreibt ihrem, wie sie glaubt, zukünftigen Schwiegersohn einen Brief, in dem sie ihr Mitgefühl ausdrückt und an Franz Ferdinand appelliert den »Kaiser zu stützen, ihm eine Hilfe zu sein«. Seine Vertraute Gräfin Fugger bläst ins gleiche Horn und Franz Ferdinand versichert auch ihr seine Unterstützung. »Sie haben ja so recht, wenn Sie sagen, dass ich jetzt umso mehr alles tun und anwenden müsse, um Seiner Majestät, unserem vielgeliebten Kaiser, zu helfen«, schreibt Franz Ferdinand, »nach diesem entsetzlichen Unglück. Unserem armen Kaiser bleibt wirklich nichts erspart. Es folgt ein Unglück nach dem andern.«
Gräfin Fugger hat ihn anscheinend auch in einer anderen Sache beraten. »Auch dass Gräfin sagen und mir zureden, ich sollte heiraten, ist ja so richtig und ich fange nachgerade an, dies selbst einzusehen. Ich sehne mich ja selbst schon nach Ruhe, nach einem gemütlichen Heim, nach einer Familie. Aber nun stelle ich an Sie die große Frage: wen soll ich denn heiraten? Es ist ja niemand da. Gräfin sagen, ich sollte mir eine liebe, gescheite, schöne und gute Frau nehmen. Ja, sagen Sie mir: Wo läuft denn so was herum? Es ist ja ein Unglück, dass es gar keine Auswahl unter den heiratsfähigen Prinzessinnen gibt: lauter Kinder, lauter siebzehn- oder achtzehnjährige Piperln, eine schiacher als die andere. Und erst die Erziehung meiner Frau zu besorgen, dazu habe ich weder Zeit noch Lust.« Dies ist eine eindeutige Rebellion gegen die habsburgische Heiratspolitik, die sich in seiner Umgebung zeigt. Weder die drei Frauen seines Vaters noch die seines Bruders hatten zum Zeitpunkt ihrer Hochzeiten das 20. Lebensjahr vollendet. Im Gegensatz dazu empfindet der Erzherzog ein fortgeschrittenes Alter seiner Braut eher als Vorteil denn als Nachteil, und von seiner zukünftigen Braut hat er recht genaue Vorstellungen. »Ich kann mir sehr gut das Ideal einer Frau vorstellen, wie ich sie gerne haben möchte und

mit der ich auch glücklich werden könnte. Es müsste ein nicht zu junges Wesen sein, mit bereits vollkommen gefestigtem Charakter und Anschauungen.« Dies ist eine genaue Beschreibung von Sophie, der mittlerweile 30-jährigen ruhigen, ernsten Dame aus Böhmen, die ein bewegtes Leben mit mehreren Krisen hinter sich hat, die aber auch aufgrund ihrer Intelligenz immer mehr sein wird als eine attraktive Dekoration und dynastische Gebärmaschine des Erzherzogenhaushaltes, die einem schwierigen Partner wie dem Thronfolger auch geistiger Rückhalt sein kann. Im Kreis der für ihn bestimmten Prinzessinnen kann er nicht fündig werden. »So eine Prinzessin gibt es nicht und da finde ich es besser, ledig zu bleiben, als sich zeitlebens unglücklich zu machen.«[87]

Dann drängt er auf eine mündliche Aussprache mit Gräfin Fugger. »Übrigens müssen wir über diesen Punkt noch mündlich plaudern. Sie werden mir erlauben, Sie einmal zu besuchen, wenn Sie nach Wien zurückgekehrt sind«, drängt Franz Ferdinand. Diese Aussprache mit Gräfin Fugger hat aber offenbar nie stattgefunden, denn sie wird von der Heirat des Erzherzogs genauso erstaunt sein wie die meisten anderen. Am selben Tag, an dem er den Brief an Fugger richtet, schreibt Erzherzog Franz Ferdinand auch seinem Berater und ehemaligen Lehrer Max Vladimir Freiherr von Beck, in dem er, wie Beck sich in seinem Tagebuch erinnert, »in einer Weise schrieb, aus der auf Herzbeklemmungen und den Wunsch, sich im Gespräch Luft zu machen, zu schließen war; er ist später auf diese Sache nicht zurückgekommen«.[88] Er bittet den Berater außerdem darum, ihm das Wirken der Pragmatischen Sanktion, also der Sukzession zum Habsburger Thron zu erklären.

Ende November 1898 fliegt die Affäre auf. Nach einem Besuch bei Franz Ferdinand in Konopischt erfährt Erzherzogin Isabella aus uns unbekannter Quelle, dass ihre Hofdame heimlich mit dem Erzherzog verreist war. Sie stellt Sophie zur Rede, diese streitet nichts ab. Erzherzogin Isabella ist außer sich und beschließt Franz Ferdinand nicht mehr einzuladen. Im Dezember 1898 schreibt sie dem Mann, den sie schon als Schwiegersohn gesehen hatte, zum letzten Mal, um sich über den Artikel eines »griechischen Juden« in einer Wiener Zeitung zu empören. Mit ihrer Hofdame einigt sie sich darauf, dass Sophie im kommenden Jahr ihren Rücktritt »aus gesundheitlichen Gründen« einreichen wird.

Jahr der Entscheidung

Die drohende Entlassung seiner Sophie aus dem Hofdamendienst setzt Franz Ferdinand unter Zugzwang. Mittlerweile ist das letzte Jahr des ausgehenden 19. Jahrhunderts angebrochen. Erzherzog Franz Ferdinand muss jetzt seine Entscheidung treffen. So wie bisher kann es nicht weitergehen. Seine nicht mehr ganz so heimliche Beziehung mit Gräfin Sophie Chotek steht mittlerweile im fünften Jahr. Seine Braut hat am 1. März ihren 31. Geburtstag gefeiert, und die Zeit, die dem Paar für Heirat und die Gründung einer Familie zur Verfügung steht, wird knapp und knapper. Außer dem anzunehmenden Hindernis der Unebenbürtigkeit steht aber einer Heirat nichts mehr im Wege. Franz Ferdinand ist offiziell gesundet und, so offiziell es eben geht, zum Thronfolger designiert worden. Die Beziehung hatte damit den kritischen Punkt erreicht, den wohl viele Liebende nur allzu gut kennen: Man musste entweder den nächsten Schritt tun oder die Sache mit größtmöglicher Zivilität beenden. Denn eines war klar, der schwache Gesundheitszustand des Thronfolgers konnte nicht mehr als Hindernis dienen. Die Beziehung hatte schwierige Zeiten überdauert. An dem größten Problem, der ungleichen Stellung der Brautleute, würde sich nie etwas ändern. Wenn er jetzt nicht zum Kaiser ginge, würde es auf ewig eine heimliche Liebe bleiben oder sogar zu einer Trennung kommen. Im Frühjahr würde Sophie den Dienst bei Erzherzogin Isabella quittieren und spätestens dann müsste er die Heirat in die Wege geleitet haben. Doch den Weg zum Kaiser wagen und zu riskieren, dass das ohnehin schon angespannte Verhältnis eine weitere Trübung durch den Wunsch nach einer

unstandesgemäßen Heirat erfahren sollte? Das war kein leichter Schritt und so beschloss Franz Ferdinand beim erstmals stattfindenden Ball der Stadt Wien die Probe aufs Exempel zu machen.
Am Faschingsball der Stadt Wien im Jahre 1899, der erste, der unter dem neuen Bürgermeister Karl Lueger stattfand, nahm Erzherzog Franz Ferdinand gemeinsam mit Kaiser Franz Joseph teil. Nachdem er ein paar Worte mit Lueger gewechselt hatte, begann er eine Unterhaltung mit einer hoch gewachsenen Dame, die mit dem Hofe gekommen war. »Ihre sieghafte Erscheinung intriguierte die Patronessen, niemand kannte sie«, schrieb ein Beobachter. »Meine Dame aber kannte sie. – Es war die Hofdame Gräfin Chotek.«[89] Nach fünfjähriger Bekanntschaft zeigte sich das Paar erstmals gemeinsam vor der versammelten Wiener Gesellschaft. Die offensichtliche Zuneigung der beiden zueinander war dabei so deutlich, dass es Beobachter mit einem dramatischen »Da fiel die Maske der Verliebten« umschrieben. Nach dem Ball hob erhebliches Getuschel an, wenn das Verhalten auch noch nicht in einen handfesten Skandal mündete. Dass sich ein Erzherzog in eine Gräfin verliebte, kam ja öfter vor und war deshalb eigentlich nicht der Rede wert. Es handelte sich zwar immerhin um den Thronfolger und nicht irgendeinen Erzherzog, aber es war eben eines dieser kleinen Skandälchen, die als Gesprächsstoff dienen konnten, mehr nicht.
Sophie Chotek begibt sich nach dem Ball mit der Familie des Erzherzogs Friedrich nach Abbazia. Mitte März kommt es zu einer Auseinandersetzung mit Erzherzogin Isabella, von der Sophie Franz Ferdinand berichtet. Dieser bespricht die Angelegenheit mit seinem Bruder Otto, der ihm empfiehlt zum Kaiser zu gehen. Am 15. März 1899 empfängt ihn der Kaiser und Franz Ferdinand bittet zum ersten Mal um die Heiratserlaubnis. »Er ließ mich lange allein sprechen«, schrieb er danach an Sophie, die noch immer in Abbazia weilte, »dass ich dich seit 3 Jahren liebe, ... dass ich nie mehr jemanden anderen heiraten werde. Dass ich mir diesen Schritt seit 2 Jahren überlegt habe. Endlich kratzte sich der Kaiser am Kopf und meinte, dass es beinahe unmöglich sei. Also beinahe ist schon etwas famos! Dann kam er

mit der Wucht der Gegengründe, schließlich ›mach dir keine Hoffnungen, ich werde es mir überlegen‹.«[90]

Schon mehrmals während seiner Regentschaft hatte der Kaiser Verwandte empfangen müssen, die um Heirat mit unstandesgemäßen Ehepartnern baten. Das letzte Mal war es im April 1883 gewesen, als der inzwischen auf hoher See verschollene Erzherzog Johann Salvator den Kaiser um Erlaubnis gebeten hatte, Gräfin Carla Attems, die Hofdame der Erzherzogin Maria Immaculata, zu ehelichen. In diesem Fall war das Gespräch schnell zu Ende gewesen. Der Kaiser hatte eine gönnerhafte Miene aufgesetzt und seinem Neffen lapidar mitgeteilt: »Wenn dir die Sache nicht besonders zu Herzen geht, wäre es mein Wunsch, dass du auf diese Idee verzichtest.« Auf einen Einwand Erzherzog Johanns hin hatte der Kaiser geantwortet, dass er von seinem Neffen einen Verzicht verlangen würde, weil »es in der Familie bereits genügend solcher Ehen« gäbe. Der Erzherzog hatte dies akzeptiert, dem Kaiser seine weitere Loyalität versichert, und die Angelegenheit war damit erledigt.[91] Die Beziehung zu Carla Attems schlief im Sommer des Jahres 1883 langsam ein. Sie heiratete später einen anderen Attems und arbeitete weiterhin als Hofdame.

Diesmal war es aus Sicht des Kaisers nicht so einfach. Franz Ferdinand hatte sich offenbar in den Gedanken verrannt, diese Gräfin Sophie Chotek, wer auch immer sie war, zu heiraten. Typisch für seinen Neffen, der immer Schwierigkeiten machte. Nun ja, er hatte ihn erstmal vertröstet. Die Sache würde sich vielleicht bald von selbst erledigen.

Zwei Wochen später treffen sich Franz Ferdinand, Erzherzog Friedrich und Erzherzogin Isabella in Wien. Es geht aus den vorliegenden Dokumenten nicht hervor, warum das Treffen anberaumt wurde. Vielleicht auf Initiative des Kaisers, der hoffte, dass man dem Thronfolger seinen Plan ausreden konnte. Doch das funktionierte nicht. Franz Ferdinand stellte klar, dass es sich bei seiner Zuneigung zu Sophie nicht um eine flüchtige handelte. »Übrigens sagte ich, wenn alle Stricke reißen«, schrieb er danach an Sophie, »so abdiziere ich, denn von der Sopherl lasse ich nicht. Das halte ich für mein Recht.«[92]

Wie ernst es ihm war, zeigte sich auch bei einem Diner mit seinem Arzt Eisenmenger im Hotel Sacher. Franz Ferdinand wollte wissen, ob er trotz seiner vielen gesundheitlichen Probleme noch eine Familie gründen könnte. Eisenmenger bejahte, denn da der Erzherzog war seit zwei Jahren gesund war, stand einem Kindersegen nichts im Wege. Bei dem Abendessen legte der Thronfolger noch eine Beichte ab. »Ich habe endlich eine Frau gefunden, die ich liebe und die zu mir passt«, erzählte er seinem Arzt, doch »nun macht man mir wegen einer solchen Kleinigkeit in Ihrem Stammbaum die unerhörtesten Schwierigkeiten. Darüber aber werde ich schon hinwegkommen.«[93]
Es ändert sich aber vorerst nichts. Sophie verlässt, wie vereinbart, am 23. April 1899 den Dienst der Erzherzogin Isabella. Damit war ihre Zeit als Hofdame beendet. Ob sie die Gemahlin des Thronfolgers werden würde, stand aber noch in den Sternen.

Die Taschenuhr-Affäre

Lange Zeit ging man davon aus, dass die Beziehung zwischen Franz Ferdinand und Sophie nach einem Tennis-Nachmittag in Halbthurn ans Licht kam, weil der Erzherzog seine Taschenuhr liegen ließ. Am Abend fand sie ein Bediensteter und brachte sie seiner Dienstherrin Erzherzogin Isabella zur Verwahrung. Diese betrachtete sie mit einer gewissen Neugier, es war eine Taschenuhr mit vielen Anhängeketten, so genannten *breloques*, wie man sie zu dieser Zeit trug. An einer dieser Ketten hing ein Medaillon, das die Erzherzogin öffnete. Was sie sah, entzückte sie nicht. Im Medaillon erblickte sie das Bildnis ihrer Hofdame, einer Dame, auf die sie große Stücke zählte, die fast zur Familie gehörte. Aber eben nur fast. Auf keinen Fall durfte eine Angestellte das Herz des Mannes betören, der für eine ihrer Töchter gedacht war. Die Erzherzogin war empört und befahl ihrer Hofdame noch am selben Tag den Haushalt verlassen und einen Urlaub anzutreten, aus dem sie nicht mehr zurückkehren sollte.

Erzherzog Franz Ferdinand zu Besuch bei Erzherzog Friedrich und Isabella, Sophie Chotek (4. v. r.) ist ebenfalls mit von der Partie

Diese Geschichte ist mehrmals von Vertrauten des Erzherzogs erzählt worden und die Tochter des Erzherzogs hat sie ebenfalls bestätigt. Es ist allerdings unklar, wann dieses Ereignis stattgefunden haben soll. Von November 1898 bis März 1899 war es zu kalt, um Tennis zu spielen und dabei die Uhr zu vergessen. Im Sommer 1898 kann es ebenfalls nicht passiert sein, weil Erzherzogin Isabella und Erzherzog Franz Ferdinand noch bis Dezember 1898 korrespondierten. Ob die Taschenuhraffäre also tatsächlich stattgefunden hat oder nicht, kann deshalb nur schwer geklärt werden.
Jedenfalls brach der Kontakt des Thronfolgers mit Erzherzogin Isabella und Erzherzog Friedrich fast vollständig ab. Nach dem Treffen im März 1899 korrespondierten Erzherzog Friedrich und Franz Ferdinand noch ein paar Monate, doch dieser Briefwechsel war rein geschäftlicher Natur und hatte die Eröffnung des Erzherzog-Albrecht-Denkmals zum Thema.
Erzherzogin Isabella stand unter Schock, obwohl sie sicherlich von der ganzen Entwicklung nicht so überrascht worden war, wie sie vorgab. Mehrere Male hatte sie Franz Ferdinand, unter dem Vorwand, dass er Sophie sehen könne, in ihre Schlösser gelockt. Ein Telegramm, mit dem sie im Jahr 1896 den Erzherzog zur Jagd einlud, schließt mit dem Satz: »Gräfin Chotek wird da sein!« Ein klares Indiz, dass Erzherzog Friedrich und Erzherzogin Isabella erstens wussten, was den Thronfolger wirklich zu seinen häufigen Besuchen trieb, und dass sie zweitens auch nicht davor zurückschreckten, ihre Hofdame zu benutzen, um die persönliche Beziehung zum Thronfolger zu vertiefen und ihre eigenen Interessen, nämlich die Schwiegereltern des nächsten Kaisers zu werden, voranzutreiben. Der jahrelangen Zuneigung der beiden maßen sie sicherlich keine Bedeutung bei. Es kam öfter vor, dass ein Erzherzog an einer adeligen Dame Gefallen fand. Eine Flirtation – klar, dass daraus niemals mehr werden konnte, und über kurz oder lang würde dies auch den Beteiligten einleuchten. Und dann, so hofften Fritz und Isabella, waren passende Gattinnen nicht weit. Ihre ältesten drei Töchter waren alle standesgemäße heiratsfähige Erzherzoginnen mit guter Mit-

gift und daher die besten Gemahlinnen, die sich ein künftiger Kaiser wünschen konnte.
Nun gab es den unumstößlichen Beweis in Form einer Fotografie an einem Medaillon an einer Taschenuhr. Eine Taschenuhr, die der Erzherzog immer bei sich trug, wahrscheinlich sogar in seiner Westentasche, nah am Herzen das Bildnis der Gräfin seines Herzens, der Dame, die er liebte. Ein solches Symbol war nur die unangenehme Bestätigung dessen, was beide hätten ahnen müssen, wenn sie den Gedanken daran zugelassen hätten. Der Thronfolger wollte sie nicht zu Schwiegereltern, er liebte die Gräfin im Hause. Es war das abrupte Ende eines hochfahrenden Traums, einer angenehmen Illusion.
Zur maßlosen Enttäuschung gesellte sich die Wut. Jahre lang hatten die beiden sie an der Nase herumgeführt und ein durchtriebenes Spiel hinter ihrem Rücken getrieben. Der Thronfolger hatte die gesamte Familie, aber besonders die heiratsfähigen Töchter kompromittiert und beleidigt. Andererseits war Erzherzogin Isabella zu intelligent, um nicht zu wissen, dass ebenbürtige Habsburgerehen nach dem Prinzip »kurz gefreit, nie gereut« geschlossen wurden. Eine Fotografie oder ein Bildnis, die Beschreibung des Botschafters und ein, zwei persönliche Besuche bei der Braut und ihren Eltern waren für gewöhnlich ausreichend, bevor die alles entscheidende Frage gestellt wurde. Jahrelange Besuche ohne jegliche Absichtserklärungen wiesen nicht auf ein ernsthaftes Heiratsinteresse des Thronfolgers hin.
Am größten war Isabellas Wut auf die andere Frau, die Frau, die mehr als zehn Jahre ihre Hofdame gewesen war, die sie noch im vergangenen Jahr zur ersten Hofdame befördert hatte, die dank ihr, der Erzherzogin Isabella, nicht in irgendeinem böhmischen adeligen Kloster ihr Dasein fristen oder ihrem verarmten Vater – Gott habe ihn selig – auf der Tasche liegen musste. Allein ihre Großmut hatte die arme Komtess vor dem Ruin gerettet, und wie dankte sie es ihr? »Das also ist der Lohn für unsere Güte zu dieser gemeinen Person, dieser slawischen Intrigantin«, sollte Isabella in den nächsten Monaten auf jedem Cercle oder bei jedem anderen gesellschaftlichen Ereignis toben. Als sie er-

fuhr, dass Franz Ferdinand mit seiner Braut wieder eine Urlaubsreise auf dem Dampfer unternommen hatte, geriet sie außer sich vor Zorn. Eine unglaubliche Frechheit. Sie begab sich zum Kaiser, um das Vorgefallene zu berichten. Dieser schickte daraufhin seinem Neffen am 5. Oktober 1899 ein Telegramm, das da lautete: »Ich bitte dich an einem der nächsten Tage hierher zu kommen und mich vom Tage deines Eintreffens in Kenntnis zu setzen.« Franz Ferdinand erscheint und bekräftigt zum Entsetzen des Kaisers erneut seinen Heiratswillen.

Frontalangriff auf die Monarchie

Mit dem fortgesetzten Wunsch, eine geborene Gräfin zu seiner Gattin zu machen, rüttelte Franz Ferdinand am Ebenbürtigkeitsprinzip, neben dem Gottesgnadentum ein Grundprinzip der Monarchie.

Aus der frühen Zeit des Germanentums stammend, beruht das Ebenbürtigkeitsprinzip auf der Überzeugung, dass die Macht des Herrschers biologisch bedingt ist. Die magische Kraft des Blutes, das in den Adern des Herrschers fließt, berechtigt diesen zum Herrschen. Das Herrscherblut und die magische Kraft desselben wirken nicht nur auf den Herrscher, sondern auch in seiner gesamten Familie. Um die Dynastie zu stärken, verbindet sich die herrschende Familie jedenfalls mit anderen Herrscherfamilien, in deren Adern ebenfalls *sanguis regius* fließt. Das Gottesgnadentum fügt neben die biologische die theologische Rechtfertigung. Die Herrschaft über ein bestimmtes Territorium ist nach diesem Prinzip nicht das Ergebnis geschickter Kriegsführung oder der rücksichtslosen Ausübung der Macht, sondern das Resultat der Gnade Gottes. Die Herrschaft ist gottgewollt. Daher kann man auf den Machtanspruch im Zweifel auch nicht verzichten, denn wie kann man auf etwas verzichten, was man nur dank der Gnade Gottes besitzt?

Die Verbreitung des *sanguis regius* hat die Ausbreitung der Herrschaft zur Folge. Gerade in der Familie Habsburg hatte

man das Herrscherblut besonders geschickt verbreitet und mit dem Prinzip *Bella gerant alii, tu felix Austria nube, nam que Marsaliis, etat tibi regra Venus.* (Mögen andere Krieg führen, du glückliches Österreich heirate, was Mars anderen gibt, schenkt dir Venus) hatten die Habsburger mit dieser Heiratspolitik das Kaiserreich stetig erweitert.
Heiraten hatten zudem Glanz und Ansehen des Hauses gestärkt, besonders durch pompöse Inszenierung der Hochzeitsfeierlichkeiten. Kaiserliche Hochzeiten waren eine Gelegenheit, die herrscherliche Majestät, Glanz und Bedeutung des Hauses nach außen zu präsentieren und gleichzeitig durch die stattfindende Überstilisierung des fürstlichen Lebensstils auch in politischer Hinsicht Gewinn zu schlagen.
Hochzeiten waren auch dazu da, wichtige Propaganda für das Haus zu machen. Extravagante Feiern demonstrierten die Bedeutung des Herrscherhauses. Die letzte große Hochzeit, die des Kronprinzen Rudolf und der Prinzessin Stephanie von Belgien, hatte mehr als 700 000 Gulden gekostet und war nicht nur in Salzburg und Wien, sondern auch in Budapest und Prag ausgiebig gefeiert worden. Diese Spektakel waren in erster Linie Manifestation der majestätischen Erhabenheit, bei denen alle finanziellen Mittel zum Zwecke der Repräsentation eingesetzt wurden. Die Liebe, die heutzutage als Hauptgrund der Verbindung zweier Menschen angesehen wird, wurde angesichts der Pflicht, die Dynastie angemessen zu repräsentieren, in den Hintergrund gedrängt. Zwar galt es als äußerst ungehörig, nicht zumindest vorzugeben, eine unstillbare Liebe zur Braut zu empfinden, doch in Wirklichkeit ging das dynastische Wohl stets über das persönliche. Liebe fand man vielleicht bei einer Mätresse, mit der man uneheliche Kinder zeugte.
Habsburger, die sich mit diesem System nicht zufrieden geben wollten, gab es schon immer. Das früheste überlieferte Beispiel einer unstandesgemäßen oder morganatischen Verbindung ist das von Ferdinand von Tirol und der Tochter des Augsburger Patriziers Philippine Welser. Bei einem Besuch der Stadt Augsburg war der 19-jährige Ferdinand der 18-jährigen schönen

Philippine auf der Straße begegnet. Am 24. April 1557 wurde heimlich Hochzeit gefeiert. Heimlichkeit bestimmte das Eheleben: Ferdinand arbeitete weiter als Statthalter in Prag, während Philippine bei ihrer Tante Katharina von Loxan auf Schloss Bürglitz in Böhmen wohnte. Erst vier Jahre und zwei gemeinsame Söhne später bittet Philippine Ferdinands Vater Kaiser Ferdinand I. um Gnade und Legalisierung der Ehe, ein Ansuchen, das der Kaiser ihr angesichts ihrer engelsgleichen Schönheit gewährt. Philippine und Ferdinand von Tirol mussten jedoch eine feierliche Erklärung abgeben, mit der sie sich verpflichteten, die Ehe weiter geheim zu halten, und mit der sie auch auf das Erbrecht ihrer Kinder verzichteten.[94] Erst zwölf Jahre nach dem Tod Kaisers Ferdinands wurde das Geheimnis der ersten überlieferten morganatischen Ehe gelüftet.

Im 19. Jahrhundert hatte es gleich drei ähnliche Eheschließungen gegeben. Im Jahre 1829 hatte Erzherzog Johann die Tochter eines einfachen Postmeisters aus Bad Aussee Anna Plochl geheiratet, die er zu dieser Zeit bereits zehn Jahre liebte. Der damalige Kaiser Ferdinand hatte seine Genehmigung zu dieser Ehe erst nach einem langen Kampf erteilt und verlieh Anna erst den Titel einer Freifrau von Brandhof, später den einer Gräfin von Meran. Die beiden lebten in der Steiermark und wurden doch von der erzherzoglichen Familie nicht als gleichwertige Familienmitglieder betrachtet. Ausgerechnet das erste Kind dieser verfemten morganatischen Verbindung wurde mit der typischen Habsburgerunterlippe geboren, was in Erzherzog Johann besondere Freude auslöste. »Der Vater sieht das mit Vergnügen und das ist natürlich, weil sie für dieses Kind ein *brevet de distinction*, ein schlagender Beweis der Zugehörigkeit zu so vornehmem Haus darstellt«, notierte Erzherzogin Sophie in ihr Tagebuch.[95] Die Ehe der beiden war glücklich und resultierte in einer zahlreichen Nachkommenschaft, die Grafen von Meran, von denen auch die einstige Societykönigin Gräfin Pilar Goëss abstammte.

Vierzig Jahre nach Anna Plochl eroberte die Bürgerstochter Leopoldine Hofmann das Herz Erzherzog Heinrichs, in Sophie

Choteks Geburtsjahr, 1868, heirateten sie heimlich. Erzherzog Heinrich wurde nach der Heirat aus dem Kaiserhaus ausgeschlossen, aber 1872 in einer einzigartigen Handlung wieder voll rehabilitiert. Seiner Frau wurde der Titel einer Freifrau von Waideck verliehen. Nach 23 Jahren Ehe, aus der eine Tochter hervorging, starben beide innerhalb weniger Stunden an einer Lungenentzündung, die sie sich bei der Hochzeit der Erzherzogin Maria Louise mit dem sächsischen Kronprinzen zugezogen hatten.
Noch nicht einmal zehn Jahre zurück lag der Fall Erzherzog Johann, der ebenfalls großes Aufsehen erregt hatte. Erzherzog Johann hatte wegen schwerer politischer Differenzen dem Allerhöchsten Erzhaus den Rücken gekehrt, aber auch, weil er seine Stellung als nachgereihter Erzherzog nicht akzeptierte. »Bin zu stolz, um einen fürstlichen Müßiggänger abzugeben. Ich will nicht das Geld des Volkes verfressen wie andere.«[96] Als erster Erzherzog in der Jahrhunderte langen Herrschaft verabschiedete sich Erzherzog Johann Salvator vom Kaiserhaus, unter Verzicht auf alle seine Privilegien, mit dem Ziel einfacher Schweizer Staatsbürger zu werden. Nachdem ihm die Heirat mit Gräfin Carla Attems verweigert worden war, heiratete er seine langjährige Lebensgefährtin Milli Stubel heimlich in England. Sie begaben sich auf eine ausgedehnte Schiffsfahrt, verschwanden aber vor der Küste Chiles und galten seitdem als vermisst.
Auch die ausländischen Höfe hatten in zunehmendem Maße mit morganatischen Verbindungen zu kämpfen. Zar Alexander II. heiratete heimlich die Fürstin Katharina Dolgoruky, der italienische König heiratete eine Gräfin Mirafiori, der frühere deutsche König Friedrich Wilhelm II. eine Gräfin Harrach. Letzterer Fall sollte die Beamten des Ministeriums des kaiserlichen Hauses zu späterem Zeitpunkt noch beschäftigen. Selbst in der engsten Familie des Kaisers grassierte der »love bug«, der Drang unbedingt seine Lebensliebe ungeachtet dynastischer Gesichtspunkte zu heiraten. Des Kaisers Enkelin Elisabeth Prinzessin von Bayern, die aus der Ehe seiner Tochter Gisela mit Leo-

pold Prinz von Bayern hervorgegangen war, hatte sich 1895 heimlich mit einem Baron von Seefried auf Buttenheim vermählt und war Mutter eines Mädchens geworden. Kaiser Franz Joseph hatte dies gelassen hingenommen, in einem Brief an die Kaiserin schrieb er: »... Wir hätten vor Zeiten kaum gedacht, dass unser erstes Urenkelkind eine Baronin Seefried sein würde. Aber so geht es eben in der Welt!«[97]

Doch alle diese Fälle waren nicht vergleichbar mit dem seines Neffen und der Gräfin Sophie Chotek. Die Erzherzöge Heinrich und Johann waren beide untergeordnete Mitglieder des Allerhöchsten Erzhauses gewesen, in der Thronfolge weit hinten gereiht. Deren Frauen Leopoldine Hofmann und Milli Stubel waren einfache Bürgerstöchter gewesen. Einzig Carla Attems, die verhinderte Braut Erzherzog Johanns, war ebenfalls wie Sophie Chotek in den Grafenstand hineingeboren.

Sophie Chotek stammte sowohl von väterlicher als auch von mütterlicher Seite von den ältesten böhmischen Adelsfamilien, den Choteks und den Kinskys, ab. Sie war Sternkreuzordendame ebenso wie ihre Mutter, was bedeutete, das sie mindestens 16 adelig geborene Vorfahren, jeweils acht auf mütterlicher und väterlicher Seite, nachweisen konnte. Ihre Mutter stammte aus dem fürstlichen Zweig der Kinskys und konnte ihre Ahnenreihe auf ein regierendes kaukasisches Geschlecht zurückverfolgen. Was vielleicht am schwersten wog, war die Verwandtschaft Sophies über die Kinskyseite mit der Familie der Stiefmutter ihres Bräutigams, den Prinzen von Löwenstein-Wertheim-Rosenburg. Kein Wunder, dass Franz Ferdinand zeitlebens den Standesunterschied zwischen ihm und Sophie als eine »Kleinigkeit« vom Tisch wischte.

Nichtsdestotrotz betrachtete der Kaiser dieses Heiratsprojekt als eine Verbindung, in der der männliche Teil ein Erzherzog, der von 16 regierenden Geschlechtern abstammte und in dessen Adern daher hochkonzentriertes *sanguis regius* floss, war, der eine Gräfin heiraten wollte, die keinerlei Herrscherblut in sich trug. Zwar kam sie aus einer sicherlich verdienten Familie, deren Dienste am Kaiserhause allgemein geschätzt wurden.

Schließlich hatte das Kaiserhaus extra für Sophies Vater das Hofamt des Oberststabelmeisters aktiviert und den mittellosen Schwestern eine Gnadengabe gewährt. Persönlich war gegen sie nichts einzuwenden, sicher war sie nett und liebenswert, aber für eine Heirat mit dem Thronfolger konnte sie nicht in Frage kommen. Denn auch wenn Gräfin Sophie Chotek aus altem Adel kam, so war sie kraft ihrer Geburt doch eine »Untertanin«. Eine Untertanin konnte der zukünftige Kaiser von Österreich eigentlich nicht einmal lieben und heiraten schon gar nicht. Dies widersprach dem ältesten Prinzip der Monarchie, der Ebenbürtigkeit, dem Prinzip, auf dem die Monarchie beruhte, ein Prinzip, nach dem sich alle europäischen regierenden Geschlechter seit Jahrhunderten richteten. *Sanguis regius zu sanguis regius.* Wenn der Kaiser die Heirat eines Thronfolgers genehmigte, die diesem Prinzip widersprach, »verriet« er den Grundsatz, auf dem die Herrschaft beruhte. Genehmigte er die Heirat, würde in den Adern eines zukünftigen Kaisers nicht nur das Blut des Herrschers, sondern auch das Blut einer »Untertanin« fließen, einer Person, die doch nicht zum Herrschen geboren worden war. Das stand gegen alles, woran ein Habsburger glaubte. Zudem widersprach eine solche Verbindung eindeutig dem Hausgesetz, dem alle Habsburger unterlagen.

Unklare Heiratsbestimmungen

Doch das ließ sich so einfach nicht sagen. Paragraf eins des Familienstatuts, das 1839 unter Kaiser Ferdinand erstellt worden war, definierte lediglich die Mitgliedschaft im Kaiserhaus wie folgt:

»Das Allerhöchste Erzhaus besteht: aus dem Kaiser als Oberhaupt desselben, aus dessen Gemahlin, aus den etwa vorhandenen Witwen seiner Regierungsvorfahren, aus den Herren Erzherzögen und Frauen Erzherzoginnen, welche von des regieren-

den Kaisers Majestät oder von einem der Söhne der gemeinsamen Stammeltern: der Kaiserin und Königin Maria Theresia und des römischen Kaisers Franz I. Majestäten aus standesgemäßer, von dem jedesmaligen Allerhöchsten Familienoberhaupte genehmigter Ehe in männlicher Linie abstammen, und zwar die Frauen Erzherzoginnen insolange sie nicht außer dem Erzhaus standesmäßig vermählt sind, endlich aus den anerkannten Gemahlinnen der Herren Erzherzöge, auch als Witwen, solange sie im Witwenstande verbleiben.«

Dies war alles andere als eine eindeutige Festlegung. Am lückenhaftesten war die Definition für die Gemahlin des Kaisers, die nach dem Familienstatut automatisch zum Kaiserhaus gehörte, unabhängig von ihrer Abstammung. Nach dieser Rechtslage hätte Kaiser Franz Joseph, der immerhin seit 1898 verwitwet war, ohne irgendwelche Schwierigkeiten seine »liebe, gute Freundin«, die Burgschauspielerin Katharina Schratt, heiraten können. Dies wurde auch angeblich kurzzeitig von den Beratern des Kaisers erwogen.

Für die anderen Mitglieder war die Zugehörigkeit ebenfalls recht allgemein definiert. Es war lediglich die Abstammung aus »standesgemäßer, von dem jedesmaligen Allerhöchsten Familienoberhaupte genehmigter Ehe« erforderlich. Wie man den Begriff »standesgemäß« zu verstehen hatte, stand nirgendwo. Da Kaiser Franz Joseph jede geplante Ehe genehmigen musste und ihm als letzte rechtliche Instanz die Interpretation des Familienstatuts oblag, hätte er die Heirat einfach genehmigen können, mit dem Hinweis darauf, dass Gräfin Sophie Chotek zwar nicht vollständig ebenbürtig wäre, er aber mit großmütiger Kaisergnade über diesen Mangel an Abstammung hinwegsähe. Einer Verhaltensweise, der er sich übrigens bediente, als seine Enkelin Erzherzogin Elisabeth, die Tochter Kronprinz Rudolfs und der Kronprinzessin Stephanie, zwei Jahre später den Prinzen Otto Windisch-Graetz, allerdings das Mitglied eines mediatisierten Hauses, heiratete. Allerdings war Erzherzogin Elisabeth weiblich und damit ein Mitglied des Allerhöch-

sten Erzhauses, das früher oder später das Erzhaus durch entsprechende Heirat sowieso verlassen hätte. Bei Erzherzog Franz Ferdinand handelte es sich jedoch um den Thronprätendenten, der nicht mit der gleichen Nachsicht behandelt werden konnte.
Aufgrund der schwachen Rechtslage startete Graf Franz Thun, ehemaliger böhmischer Statthalter und ehemaliger Obersthofmeister Franz Ferdinands, eine Ebenbürtigkeitskampagne für seine »Schwippschwägerin« Gräfin Sophie Chotek. Durch seine Ablehnung der geplanten Verbindung fühlte sich der böhmischen Adel in seiner Ehre gekränkt. Der Adel sah sich als Stütze der Monarchie und diente dem jeweiligen Herrscher ergeben, die Beziehung zwischen Adel und Kaiserhaus ging jedoch über eine simple Untertan-Herrscherbeziehung weit hinaus. Wie schon erwähnt, waren Hofämter wie das des k. und k. Kämmerers oft unbesoldet. In der Diplomatie, die fast vollständig aus Mitgliedern von alten Adelsfamilien bestand, war es üblich, dass die relativ schlecht bezahlten Diplomaten aus ihrem Privatvermögen beisteuerten, um ihr Kaiserhaus anständig repräsentieren zu können. Sie taten das, ruinierten sich nicht selten, wie Sophies Vater, aber klagten nicht darüber. Aus diesem Grunde war es übrigens auch schwierig, gewöhnliche Bürgerliche für den diplomatischen Dienst zu gewinnen, da diese nicht über die erforderlichen Geldmittel verfügten. Außerdem verkehrte ein Teil des höheren Adels, zumindest die mit Hofpositionen ausgestatteten, mit Mitgliedern des Hauses Habsburg auf durchaus freundschaftlicher Basis. Sie luden sie zur Jagd, zu Bällen und Festen, die Kinder spielten miteinander und schlossen mitunter enge Freundschaften, wenn sie sich auch das ganze Leben mit »Sie« und »kaiserliche Hoheit« ansprachen. Nun sollte aber ein einziger Fall einer ehelichen Verbindung zwischen Adel und Kaiserhaus dem Ansehen der Monarchie so sehr schaden, dass diese unter Umständen zusammenbräche? Das war unerhört und beleidigte den stolzen Thun, der einmal den Wiener Bürgermeister Karl Lueger seines Antisemitismus wegen mit den Worten: »Wer einen Nebenmenschen seiner Abstammung wegen als

minderwertig bezeichnet, ist selbst minderwertig«, kritisiert hatte. Natürlich blieben alle Interventionsversuche Thuns erfolglos, doch den Beamten in des Kaisers Vorzimmer hatte diese Kampagne gezeigt, welche Kräfte die geplante Verbindung mobilisieren konnte. Deshalb war sie doppelt gefährlich und musste verhindert werden.

Der Kampf beginnt

Im Fall Attems war der Kaiser hart geblieben, und diese Unnachgiebigkeit hatte das Problem auch schließlich von selbst gelöst. Er hoffte, die Mischung aus Härte und Manipulation würde seinen Neffen ebenfalls zermürben. Sein zweiter Obersthofmeister, der ehrgeizige Fürst Alfred Montenuovo, war für die Abwendung dieser »Gefahr« wie prädestiniert. Montenuovo entstammte der morganatischen Verbindung zwischen Marie Louise Erzherzogin von Österreich, die an der Seite ihres ersten Mannes Napoleon Kaiserin der Franzosen gewesen war, mit Adam Graf Neipperg. Um die Herkunft zu verschleiern, hatten Vorfahren den Namen Neipperg (= Neuer Berg) italienisiert und daraus Montenuovo gemacht. Da er aufgrund seiner unstandesgemäßen Herkunft kein adäquates Vermögen besaß, heiratete er Fürstin Franziska (Fanny) Kinsky, eine Cousine 3. Grades Sophie Choteks, und nahm einen Hofposten, erst bei Erzherzog Otto und dann bei Kaiser Franz Joseph, an. Montenuovo setzte den Hebel seiner Aktivitäten beim vermeintlich schwächeren Partner des Paares, Sophie, an. Er schrieb ihr daher einen Brief, in dem er sie beschwor von der Verbindung abzusehen und auch den Thronfolger von der Hoffnungslosigkeit seines Vorhabens zu überzeugen.

Doch Ende des Jahres 1899 erhielt Franz Ferdinand für sein Vorhaben Unterstützung von zwei mächtigen Frauen im Habsburgerstaat. Die erste war Prinzessin Stephanie, einstmals die zweithöchste Frau im Staate und Witwe Kronprinz Rudolfs. Die ehemalige Kronprinzessin Stephanie hatte am eigenen Leib erfahren, was es bedeutete, in einer leidenschaftslosen, nur von gegenseitigem Respekt und milder Zuneigung geprägten Standesehe gefangen zu sein. Um den dynastischen Aspirationen beider Elternpaare zu genügen, waren Rudolf und Stephanie eine Verbindung eingegangen, die beide zutiefst unglücklich gemacht hatte, obwohl sich beide für die gesamte Dauer der Ehe zumindest gemocht hatten. Ihre Schwester Louise hatte eine ähnliche Vernunftehe bis in die Nervenheilanstalt gebracht. Aus diesem Grunde stand Stephanie auch Heiratsplänen, die sie mit dem Thronfolger verbanden, stets ablehnend gegenüber. Sie schätzte Franz Ferdinand als Freund und sie respektierte ihn, aber sie liebte ihn nicht. Ganz abgesehen davon, dass Franz Ferdinand schon vor Sophies Zeiten Vernunftehen abgelehnt hatte und auch einer solchen Beziehung niemals zugestimmt hätte. Stephanie hatte genug von ihrer Jugend geopfert und beschlossen, sich in ihren künftigen Beziehungen zu Männern nur von ihrem Herzen leiten zu lassen. Ihr Leitspruch war, dass das Gesetz des Herzens »über allen auf Pergament geschriebenen und in Stein gehauenen Gesetzen« geht. »Wer so handelt, wie es die Liebe diktiert, der hat Recht, dessen ist Gottes Segen.«[98] Nach einer Liebschaft mit dem Fürsten Potocki, der aber an einer Lungenentzündung verstorben war, hatte sie den Heiratsantrag des ungarischen Grafen Elemer Lonyay angenommen und den Kaiser auch bereits um Erlaubnis gebeten. Schon allein deshalb unterstützte sie eine Genehmigung des Kaisers in der Sache Franz Ferdinand, die ihrem eigenen Projekt auch Vorschub geleistet hätte.

Der Kaiser und seine Umgebung sahen die Umtriebigkeit des Thronfolgers und der Kronprinzessin mit großem Unbehagen, da sie mit gleich zwei unstandesgemäßen Verbindungen hoher Mitglieder des Allerhöchsten Erzhauses die Fundamente der Monarchie erschüttert sahen. Die Lieblingstochter des Kaisers, Erzherzogin Marie Valerie, notierte am 9. Dezember 1899 folgendes in ihrem Tagebuch: »So krachen die alten Institutionen in allen Fugen, Pflichtvergessenheit der jungen Generation, wie Papa sagt.«[99]

Im Dezember 1899 schüttet Franz Ferdinand seiner Stiefmutter Erzherzogin Marie Therese sein Herz aus. Sie unterstützt die Pläne ihres Stiefsohnes, da ihr sein Glück am Herzen lag. Erzherzogin Marie Therese kannte den Erzherzog seit seiner Kindheit, war mit seiner nicht immer pflegeleichten Persönlichkeit vertraut und wusste, wie schwierig es war, sein Herz zu gewinnen. Sie hatte erlebt, wie ihr Ziehsohn standesgemäße Bräute wegen mangelnder Romantik abgelehnt hatte. Als sie nun erfuhr, dass Franz Ferdinand in der Person der Gräfin Sophie Chotek endlich die Frau seines Lebens gefunden hatte, war sie erleichtert. Seit langem hatte sie gewünscht, dass der Sohn sich verheiraten möge. Nun hatte er also endlich jemanden gefunden. Erzherzogin Marie Therese kannte die Komtess seit langem, immerhin war sie ja eine entfernte Verwandte von ihr. Recht hübsch und klug, dabei aber bescheiden, jemand, der seinen Platz in der Habsburger Hackordnung kannte. Keine Frau, die sich kopfüber aus Ehrgeiz in eine Liaison mit einem Mann stürzen würde, nur weil er Erzherzog war. Warum sollten die beiden nicht miteinander glücklich werden? Ein hartnäckiges, aber völlig falsches Gerücht besagte, dass die Erzherzogin die Hochzeit ihres Sohnes auch deshalb befürwortete, weil sie selber ihren Kammervorsteher Graf Cavriani heiraten wollte. Erzherzogin Marie Therese begab sich deshalb zum Kaiser, um ihn um das Glück ihres Sohnes zu bitten, doch er lehnte ihr Gesuch ab.

Im neuen Jahrhundert

Wie immer beginnt das Jahr 1900 mit dem Familiendiner in der Wiener Hofburg. Als der Kaiser einen Toast auf das neue Jahrhundert ausbringt, nickt er demonstrativ dem jungen Erzherzog Karl, dem Sohn Erzherzog Ottos, zu, als wolle er sagen: »Dir gehört ja das kommende Jahrhundert und die Frucht all meiner Arbeit und Sorge. Gott schütze dich!«[100] Für den ebenfalls anwesenden Erzherzog Franz Ferdinand ein klares Signal, dass er

als rechtmäßiger Thronfolger nicht den ihm zukommenden Stellenwert genießt, sondern dass der Kaiser die Zukunft der politisch stark gebeutelten Monarchie lieber in die Hände eines nicht einmal 13-jährigen Knirpses legt als in die seines im 37. Lebensjahr stehenden Neffen.
Kurze Zeit danach weiht Franz Ferdinand seinen Berater Beck ein, dass er heiraten möchte, aber noch auf die Erlaubnis des Kaisers wartet. Er teilt ihm auch mit, dass er so lange warten wird, bis die Genehmigung erteilt wird, und notfalls sogar abdanken würde, wenn das die einzige Lösung sein sollte. Beck erschrickt und bittet den Erzherzog auf keinen Fall von seiner Verpflichtung als Thronfolger zurückzutreten.
Anfang Februar 1900 begibt Franz Ferdinand sich erneut zum Kaiser, um sein Anliegen vorzubringen. Der Kaiser ist sehr beschäftigt und lässt ihn erst nach längerer Wartezeit vor. Dann bietet er ihm keinen Platz an, sondern lässt ihn mitten im Zimmer stehen, um ihm knapp mitzuteilen, dass die Minister gegen die Ehe von Franz Ferdinand und Sophie Chotek seien. Erzherzogin Marie Therese hat inzwischen ihren Geistlichen Peter Mayr eingeschaltet, der mit Franz Ferdinands Berater fast täglich konferiert.
Unterdessen arbeitet das Ministerium des kaiserlichen Hauses daran, dem Familienstatut ein Zusatz beizufügen, der den bisher nicht definierten Begriff der Ebenbürtigkeit so weit interpretiert, um neuerliche unstandesgemäße Bewerberinnen auf Mitgliedschaft im Allerhöchsten Erzhaus von Anfang an wirksam abweisen zu können. Die Ebenbürtigkeitskampagne Thuns war zwar gescheitert und dieser auch, vor allem wegen anderer politischer Probleme, zurückgetreten, aber das Familienstatut blieb weiterhin angreifbar.
Man wandte sich deshalb an die österreichische Gesandtschaft am preußischen Königshof und holte über einen Beamten dort Information ein, wie es denn im Hause Preußen mit den Heiratsbestimmungen aussähe. Dieser nahm die morganatische Heirat König Friedrich Wilhelms II. mit Gräfin Auguste Harrach als Anlassfall, um daraus abzuleiten, was der Begriff Eben-

bürtigkeit im Hause Preußen bedeutete. Zum einen musste der Ehepartner aus regierendem Hause stammen. Das Problem war nur, dass im Jahre 1815 eine Reihe von regierenden Familien ihre Territorien verloren und der ohnehin schon beschränkte Pool von heiratsfähigen Männern und Frauen dadurch weiter drastisch reduziert worden wäre. Per Bundesakte wurde deshalb beschlossen, diese so genannten »mediatisierten« Familien trotz verloren gegangenen Herrschaftsgebietes weiterhin als ebenbürtig zu betrachten. Die adelige Abstammung spielte ebenfalls eine wesentliche Rolle, denn Gräfin Harrach, deren Mutter aus niederem Adel stammte (also lediglich ein simples »von« vor ihrem Namen trug), war auch aus diesem Grund nicht als ebenbürtig angesehen worden. Man kam zu dem Ergebnis, dass die, die einem Mitglied des preußischen Königshauses als ebenbürtig angesehen werden, folgende Bedingungen erfüllen müssen. Sie müssen entweder 1) aus regierendem deutschen, 2) aus mindestens altreichsgräflichen mediatisiertem, aber in Besitz eines reichsunmittelbaren Territoriums und Reichsstandschaft gewesenem Hause oder 3) aus nichtdeutschem regierenden oder erst im 19. Jahrhundert entthrontem christlichen Hause stammen, aber nur unter der Voraussetzung, dass sie mindestens a) vier adelige, adelig geborene und b) zwei hochadelige Ahnen haben.

Auf diesem Modell basierend entwarfen die Beamten im Wiener Ministerium das Zusatzstatut, allerdings mit wesentlich strengeren Abstammungsbedingungen. Zwar sollten, wie in Preußen, auch fürstlich mediatisierte Häuser zum Zuge kommen, da sich Österreich der entsprechenden Bundesakte schon 1825 angeschlossen hatte. Hätte Gräfin Sophie Chotek übrigens einem mediatisierten Haus angehört, hätte der Kaiser, ähnlich wie im Fall Erzherzog Friedrich und Isabella Prinzessin Croy, seine Zustimmung schlecht verweigern können. Aber beim verlangten Adelsnachweis wurden wesentlich strengere Bestimmungen verlangt. Es wurde nicht nur, wie für die Zulassung bei Hof, der Nachweis von 16 adelig geborenen Ahnen verlangt. Zukünftige Heiratskandidaten sollten auch bis in den fünften Grad direkte adelige Abstammung auf väterlicher und mütterlicher Seite nachweisen können sowie drei Jahrhunderte ununterbrochenen Adelsstand auf Seite der zwei männlichen Ahnen im fünften Grade nachweisen sowie bei den übrigen sechzehn adeligen Geschlechtern das Datum der Ritterbürtigkeit dokumentieren. Auf zwölf handgeschriebenen Seiten wurden die genauen Bestimmungen beschrieben und ein Verzeichnis der Häuser aufgeführt, aus denen Mitglieder des Erzhauses ihre Ehepartner wählen dürfen, ohne ein Familienzerwürfnis zu riskieren. Die Namen Chotek oder Kinsky waren nicht darunter.

In einer letzten Runde wurde erneut versucht, auf die Verwandten der Braut Druck auszuüben. Ihrem Bruder Wolfgang, der als Staatsdiener in der Bezirkshauptmannschaft in direkter Abhängigkeit vom Kaiser stand, wurde bedeutet, dass seine Karriere einen empfindlichen Knick erleiden könnte, wenn seine jüngere Schwester ihre Ambitionen nicht aufgäbe.

Auch Sophies Schwestern bekamen den Druck des Kaiserhauses zu spüren. Diese waren jedoch unabhängig, bis auf die jüngste Schwester Marie Henriette. Rischel, Kara, Oktavia und Antonie waren gut verheiratet, Oktavia und Antonie mit deutschen Adeligen, die nicht vom österreichischen Kaiser gegängelt werden konnten, und Marie Thun und Karoline Nostitz hatten in wohlhabende und daher unabhängige böhmische Adelsgeschlechter eingeheiratet. Zdenka hatte den Hofstaat von Kronprinzessin Stephanie bereits verlassen und bereitete sich auf den Eintritt ins Kloster vor. Lediglich Marie Henriette, die jüngste Schwester, die als Stiftsdame im Prager Hradschin auch von der kaiserlichen Gnadengnabe lebte, war bedroht. Sie alle blieben standhaft.

Der Kampf geht in die Endrunde

Als Franz Ferdinand am 8. April erneut beim Kaiser mit seiner Bitte vorspricht, Sophie heiraten zu können, macht er sich keine großen Hoffnungen. Doch das Unglaubliche geschieht. Der Kaiser stimmt zu, aber nur unter der Bedingung, dass »in Cis- und Transleithanien alles geordnet werde«.[101] Damit meinte er, dass die konstitutionellen Schwierigkeiten, die sich in den anderen Teilen der Monarchie aus der Heirat ergeben können, gelöst werden. Überglücklich begibt sich Franz Ferdinand zu seinem Berater Beck. Die Schwierigkeiten, die sich jetzt noch stellten, waren legistischer Natur. Die Heiratsbestimmungen des Habsburgerhauses waren in keinem österreichischen Gesetz enthalten, sondern nur im Familienstatut. Dieses besaß für die Mitglieder des Allerhöchsten Erzhauses Gesetzeskraft, war aber vor keinem Parlament verabschiedet worden. Daher war es also höchstens in Österreich gültig. In Ungarn wäre eine weitere Genehmigung erforderlich gewesen. Da es mit den Beziehungen der beiden Reichshälften nicht zum Besten stand, ging man davon aus, dass es dem ungarischen Parlament eine Freude sein würde, gegen das Familienstatut zu entscheiden. Die pragmatische Sanktion auf der anderen Seite, die in der gesamten österreichisch-ungarischen Monarchie galt, enthielt keine Heiratsbestimmungen. Diese rechtlich lückenhafte Situation bedeutete, dass nach einer Heirat des Erzherzogs und seiner Sukzession zum Kaiser seine Ehefrau in Österreich nicht Kaiserin werden konnte, da das Familienstatut dort Gültigkeit hatte, in Ungarn aber sehr wohl, da es kein gültiges Gesetz gab, das eine solche Krönung verhindert hätte.

Wie man nun eine solch potenziell schwierige Situation vermeiden könnte, erläutert der Kaiser am darauf folgenden Tag mit dem österreichischen Ministerpräsidenten Ernest von Koerber. Mit der Sachlage konfrontiert, spricht sich dieser sofort gegen die Verbindung aus und meint, diese sei ein Verhängnis für das Kaiserhaus.[102] Als Franz Ferdinand davon erfährt, geht er sofort zu Koerber und versucht ihn zu überzeugen. Er wünsche nur ein glückliches Heim, sagt der Erzherzog, nur dann könne er seinen Pflichten in erhöhtem Maße nachkommen. Verbiete ihm der Kaiser die Heirat, dann werde er bis zu dessen Tode damit warten, aber bis dahin ein unglücklicher Mensch sein.

Zwei Tage später erscheint der Erzherzog erneut bei Koerber im

Ministerium des Innern und verstärkt seine Bitten mit Drohungen. Wenn die Heirat nicht zustande komme, kündigte er an, werde er ein Narr oder müsse sich erschießen. Außerdem werde seine Heirat dem Reiche gewiss nicht so viel schaden wie Kaiser Franz Joseph, der es einige Male an den Rand des Abgrunds gebracht habe. Wenige Tage danach erhält Koerber einen Brief des Erzherzogs. »Exzellenz arbeiten für eine gute Sache, die Sie nie zu bereuen haben werden, und die der Monarchie mehr nützt, als wenn ich durch unausgesetzte Schwierigkeiten und Hinausschiebungen zur Verzweiflung getrieben werde«, heißt es da. »Ich will stets ein ordentlicher und pflichttreuer Mensch sein und mit meinen besten Kräften meinem Lande dienen. Nehmen Sie mir nicht die Möglichkeit, diesen festen Vorsatz auszuführen, indem ich für mein Leben zu einem unglücklichen und desperaten Menschen gemacht werde!«[103] Entnervt lässt Koerber daraufhin Franz Ferdinand durch Beck mitteilen, »dass kein Grund vorliege, schwarz in die Zukunft zu sehen«.[104]

Franz Ferdinand sucht auch Unterstützung bei der katholischen Kirche. Auf sein Betreiben begibt sich Peter Mayr, der Geistliche seiner Stiefmutter, zur Wiener Nuntiatur und stellt dem Udittore, einem Prinzen Croy, also ausgerechnet einem Verwandten der Erzherzogin Isabella, die Situation dar. Der Papst wird informiert und nach einigen Wochen teilt Prinz Croy im Namen des Papstes mit, dass dieser der Meinung sei, dass die Ehe des Thronfolgers mit Gräfin Sophie Chotek eine ebenbürtige sein solle. Dies bedeutet nicht nur eine Genehmigung der Eheschließung an sich, sondern zeigt auch eine großzügige Interpretation der Ebenbürtigkeitsbestimmungen.

Trotzdem bewegt sich nichts. Der Mai 1900 rückt ins Land und immer noch steht kein Hochzeitstermin fest. Kronprinzessin Stephanie, die den Kaiser ein halbes Jahr später um die Erlaubnis gebeten hatte, den ungarischen Grafen Lonyay zu heiraten, ist bereits seit zwei Monaten mit ihm verheiratet. Verständlicherweise wächst die Ungeduld des Erzherzogs. Er wollte spätestens Anfang Juni heiraten und einen Monat vorher war immer noch nichts geregelt. Wollte man die Eheschließung etwa noch

verhindern? In seiner immer größer werdenden Verzweiflung wendet sich der Thronfolger an seinen Großonkel Erzherzog Rainer, den an Jahren ältesten Erzherzog, um von ihm Unterstützung zu erbitten. Erzherzog Rainer war beim Volk beliebt, unter anderem, weil er jeden Tag über den Naschmarkt spazierte und stets freundliche Worte an die Marktständlerinnen richtete. Außerdem war er in punkto morganatische Ehe nicht ganz unerfahren, denn es war sein Bruder Heinrich gewesen, der sich in einer solchen Ehe mit Leopoldine Hofmann verbunden hatte.
Doch auch Erzherzog Rainer unterstützt Franz Ferdinand nicht. Er hält den Heiratswunsch wohl auch nach mehr als einem Jahr für eine Laune, die wieder vergehen würde, sobald ihr nicht nachgegeben wird. Er rät dem Thronfolger die Liebe Liebe sein zu lassen und sich doch einfach um etwas Wichtigeres zu kümmern. »Trachte dich durch ernste Beschäftigung zu zerstreuen und überlege dir sehr die Folgen des beabsichtigten Schrittes, denn ich glaube nicht, dass du in diesem Bund ein bleibendes Glück finden würdest.« Woher er das zu wissen glaubt, ist nicht ersichtlich. Die morganatische Heirat seines Bruders war glücklich gewesen, wie alle überlieferten unebenbürtigen Ehen. Er warnt den Erzherzog davor, die Folgen einer morganatischen Eheschließung zu unterschätzen. »Die Zurücksetzung einer Frau, die man liebt, empfindet man schmerzlich, und sollte sich das Blatt wenden und du nicht die erhoffte häusliche Zufriedenheit finden, so wird dies noch viel schwerer auf dir lasten.« Abschließend appelliert er noch an das Pflichtgefühl seines Neffen: »Jeden Mann treffen in seinem Lebenslaufe mehr oder weniger schwierige auch schmerzliche Augenblicke. Die Erinnerung an die Pflicht hilft dieselben zu überwinden, und je höher man steht, desto weniger darf man sich von Erfüllung derselben abbringen lassen.« Wieder einmal die Pflicht, die offensichtlich darin besteht, unglücklich zu sein, um mögliche staatsrechtliche Schwierigkeiten zu verhindern. Seit mehr als einem Jahr hört Franz Ferdinand die gleichen Argumente. Der nach wie vor bestehende Widerstand lässt seine Zweifel wieder aufleben. Er bit-

tet seinen Berater Beck, erneut Kontakt mit Koerber aufzunehmen, damit die Sache nicht noch scheiterte, und es wird ihm versichert, dass alles in Ordnung sei.
Doch das Gegenteil ist der Fall. Einen Tag nachdem Beck diese Mitteilung erhält, erscheinen Franz Ferdinands Verwandte, an der Spitze Erzherzogin Isabella, beim Kaiser, um erneut auf energischste Art und Weise ihren Widerstand gegen die Ehe auszudrücken. Zudem wird ausgerechnet Godfried Marshall, Franz Ferdinands Religionslehrer aus Kindertagen, beauftragt, der gläubigen Sophie die Heirat auszureden. Da Marshall die Willensstärke des Erzherzogs kennt, stürzt diese Aufgabe den Geistlichen in tiefe Gewissensnöte, denen er in einem Brief Luft machte: »Bei welchem K(aiser) werde ich in Ungnade fallen, wenn es nicht gelingt? Beim jetzigen oder beim künftigen? Oder bei beiden? Helfen Sie mir!«[105] Trotz seiner Bedenken begibt er sich zu Sophie und machte ihr in blumigen Worten klar, dass sie den Mann ihres Herzens freigeben müsse. »Die Befriedigung ihrer Leidenschaft werde ein kurzer Rausch sein, aus dem das Erwachen einen Sturz in die Tiefe bedeute. Der Verzicht sei aber groß und erhaben und sichere ihr den Himmel ... Der Papst würde sie segnen dafür. Anstatt Kaiser und Papst zu beglücken, wolle sie beide erzürnen und betrüben.« Die Rede scheint zu wirken, denn die streng religiöse Sophie will weder Gott noch Papst erzürnen. Seines Erfolges ansichtig, wird Marshall jedoch vom Übermut gepackt. Sie müsse jetzt, auf der Stelle, ins Kloster eintreten, verlangt er von Sophie. Er könne ihr sogar die Stelle einer Äbtissin anbieten. Da durchschaut Sophie seine Absichten und ihre ausdrucksvollen Augen senden Marshall einen »Blick, der ein Dolchstoß dieser frommen Seele war«.[106]
Als Franz Ferdinand von diesem Interventionsversuch erfuhr, war er außer sich vor Zorn. »Raten Sie mir und denken Sie bitte, was man gegen alle diese Bestien in Menschengestalt, diese Trotteln unternehmen soll«, schreibt er an Beck. »Vor allem bitte ich Sie und sagen Sie diesem Trottel von einem Marshall alle Grobheiten die es im Lexikon gibt ... Sagen Sie ihm, dass ich von allen seinen Quertreibereien vollkommen orientiert bin und

dass er daher für mich, für mein ganzes Leben, lang aufgehört hat zu existieren. Sagen Sie ihm, dass seine Karriere vollkommen vernichtet ist, nachdem solange ich lebe er nie etwas anderes wird als Pfarrer an der Votivkirche.«[107] Am schlimmsten traf ihn, dass man ausgerechnet die Religiosität seiner Zukünftigen benutzt hatte: »Wie hat man meine Braut gefoltert! Zu Ihrer Frömmigkeit nahm man die letzte Zuflucht.«

Diese Angelegenheit brachte den Erzherzog an den Rande seines Verstandes. Er schreibt erneut dem Kaiser und wirft sich praktisch schriftlich vor diesem auf die Knie. »[In] der so qualvollen Lage ... wende ich mich nochmals an das väterliche Herz Eurer Majestät mit der innigsten Bitte um Erfüllung meines einzigen, innigsten und liebsten Wunsches, von dem meine ganze Existenz, mein Glück, meine Ruhe und Zufriedenheit abhängt.«[108] Außerdem verspricht er in seiner Verzweiflung, dass Sophie sich »nie wieder bei Hofe noch in der großen Gesellschaft zeigen und nie irgendwelche Ansprüche erheben oder eine Rolle spielen wolle«. Zudem ist er schon so desperat, dass er wohl keinen anderen Ausweg sieht als dem Kaiser mit einer Katastrophe zu drohen, wenn ihm sein Wunsch nicht schnell genehmigt wird. »E.M. können in Ihrem gütigen Herzen die Verantwortung für das nicht übernehmen, was aus mir wird, wenn ich nicht bald in die Lage komme, die Gräfin heiraten zu dürfen.«

Diese Drohung dürfte Kaiser Franz Joseph sehr beunruhigt haben, denn ein zweites Mayerling konnte sich die bereits mehrmals in den Grundfesten erschütterte Monarchie nicht leisten. Zudem wusste der Kaiser, dass er auf lange Sicht nur verlieren konnte. Er stand im 70. Lebensjahr und nur Gott wusste, wie viel Zeit ihm noch blieb. Wenn er morgen stürbe, wäre Franz Ferdinand sofort Kaiser und könnte dann machen, was er wollte. Und was dann geschehen würde, war aus des Kaisers Perspektive noch furchtbarer. Franz Ferdinand würde Sophie heiraten und diese wäre automatisch Kaiserin, da das Familienstatut, wie schon erwähnt, in punkto Kaisergemahlin ganz besonders lückenhaft war. Dass sein Neffe die Liebe seines Lebens nicht freiwillig aufgeben würde, hatte er bewiesen. Fast ein Jahr lang

Franz Ferdinand und Sophie beim Spaziergang im Park

hatte er nicht nur allen Interventionsversuchen widerstanden, sondern wiederholt seine Heiratsbitte vorgebracht. Es war nicht anzunehmen, dass er davon abgehen würde. Der Kaiser stimmte also mit größtem Widerwillen zu. Seine Zermürbungstaktik hatte nicht den Thronfolger, sondern ihn selbst zermürbt.
Schweren Herzens beauftragte Franz Joseph also seine Beamten die Grundlagen einer Ehe des Thronfolgers mit Sophie Chotek auszuarbeiten. Gleichzeitig wurde für den 26. Mai ein Treffen des Erzherzogs mit seinen Verwandten anberaumt. Diese Besprechung sollte dazu dienen, die Wogen zwischen Franz Ferdinand und einer Gruppe Verwandten, die seine Ehe auf das strikteste ablehnten, zu glätten. Angespornt von Erzherzogin Isabella hatte sich eine Gruppe der Gegner formiert, die immer größer wurde. Sie umfasste auch die junge Erzherzogin Elisabeth, das einzige Kind des Kronprinzen Rudolf und der Kronprinzessin Stephanie, die eine gute Freundin der kompromittierten Töchter der Erzherzogin Isabella war.
Viel schlimmer für Franz Ferdinand war, dass dieser Gruppe auch seine eigenen Brüder angehörten. Besonders kurios war es für den Thronfolger, dass ausgerechnet sein Bruder Otto, der mit zahlreichen Skandalen das Ansehen des Hauses geschädigt hatte, ihm Pflichtvergessenheit in Anbetracht seiner zukünftigen Stellung vorwarf. Noch kurioser war es, dass Otto in dieser Ansicht von seiner Gattin Erzherzogin Maria Josepha bestärkt wurde, die an Demütigungen ihres Mannes so lange gelitten hatte, bis sie sich mit einem eigenen Liebhaber am untreuen Gemahl revanchierte. Wollten etwa diese beiden ihr Doppelleben als Vorbild darstellen? Wo blieb da der christliche Glaube, auf den sich das Haus Habsburg berief? Auch die fehlende Unterstützung seines Bruders Ferdinand Karl enttäuschte ihn zutiefst. Es war umso unverständlicher, als genau dieser Bruder bereits ein Auge auf eine Bürgerliche geworfen hatte, die er viele Jahre später auch heiraten sollte.
Alles, was Franz Ferdinand wollte, war doch, sich mit einer Frau, die er seit Jahren über alles liebte, die aus seiner Perspektive ganz knapp außerhalb des Kreises der ebenbürtigen Fami-

lien stand, ehelich zu verbinden und mit ihr eine legitime Familie zu gründen. Er hatte mehr als ein Jahr lang bewiesen, dass es ihm ernst war, dass er es nicht nur tat, um den Kaiser zu verärgern oder weil er eine Kraftprobe mit dem Herrscher unbedingt gewinnen wollte. Er wollte Familienglück, so wie er es in seiner Kindheit erlebt hatte. Die staatsrechtlichen Probleme, die seine Ehe im Falle der Sukzession auslösen könnte, waren lösbar. Warum konnte das niemand verstehen? Wie konnte sich seine Familie gegen das Lebensglück stellen? Wieso war es das Ende der Monarchie, wenn er endlich seine Herzensdame, eine Dame aus gutem Hause mit tadellosem Leumund, heiratete? Die Verwandten blieben taub für seine Argumente, und das Gespräch verlief daher ergebnislos. Nicht nur das, es endete mit verhärteten Fronten und einer tiefen Entfremdung der Brüder.
Nach diesem letzten gescheiterten Vermittlungsversuch trafen sich der Kaiser, Außenminister Goluchowski sowie die österreichischen Ministerpräsidenten Koerber und Szell am 31. Mai 1900 zu einer Geheimkonferenz in Budapest. Franz Joseph eröffnet die Sitzung, mitteilend, dass sein Neffe den »Wunsch, sich mit Gräfin Sophie Chotek vermählen zu dürfen, zu wiederholten Malen und so auch in der jüngsten Zeit wieder zum Ausdruck gebracht habe«. Obwohl er sich »die Entscheidung über die Frage, ob der Bitte zu jener Vermählung ... stattzugeben ist, noch vorbehalten« will, sei es dennoch »an der Zeit diese Angelegenheit näher in Betracht zu ziehen und die Modalitäten klarzustellen und ... unter denen diese Angelegenheit gegebenenfalls durchzuführen ... um den Gefahren vorzubeugen, die unlangbar mit einem solchen Schritte verbunden wären«. Die Gefahren, auf die Kaiser Franz Joseph anspielte, lagen in dem Umstand, dass der Begriff der morganatischen Ehe in Ungarn unbekannt war und nach dem Tod des Kaisers eine Situation entstehen könnte, in der die morganatische Gemahlin des Kaisers in Österreich in Ungarn rechtmäßig zur Königin gekrönt werden konnte. Dieses Problem lässt sich dadurch lösen, dass der Thronfolger einen für beide Reichshälften gültigen Eid ablegt, in dem er für Gattin und etwaige Nachkommen auf das Sukzessionsrecht verzichtet. Diese

Verzichtsleistung sollte auf Deutsch und auf Ungarisch abgegeben werden. Diese Erklärung, die der Konferenz bereits im Entwurf vorliegt, wird von den Beteiligten genehmigt. Da die morganatische Gemahlin des Thronfolgers nicht Erzherzogin werden kann, muss ihr ein anderer Titel verliehen werden. Der Kaiser fragt, ob das sofort geschehen soll. Nein, antwortet Goluchowski sinngemäß, dies könne noch bis zur Hochzeit warten.

Franz Ferdinand wird mit dem Ergebnis der Besprechung konfrontiert. Morganatische Gemahlin bedeutet, Sophie wird bei ihrer Heirat nicht den Titel Erzherzogin erhalten und von allen Titeln, Rechten und Wappen und von finanziellen Ansprüchen, die die Mitgliedschaft im Kaiserhaus bringt, für alle Zeiten ausgeschlossen sein. Aber nicht nur sie – auch die legitimen Nachfahren dieser Ehe werden nicht die gleichen Privilegien genießen wie ihre Cousins. An der Stellung Franz Ferdinands ändert sich nichts, er bleibt weiterhin Erzherzog und Thronfolger, aber seine Nachkommen müssen auf sein Einkommen aus dem habsburgischen Familienfonds, einschließlich der estensischen Erbschaft verzichten. Der Thronfolger erklärt sich einverstanden. Postwendend bedankt er sich beim Kaiser für die Erlaubnis und betont erneut die Tiefe seiner Gefühle zu Sophie. »Ich kann abermals nur erwähnen, dass der Wunsch, die Gräfin zu heiraten, nicht die Frucht einer Laune ist, sondern der Ausfluss der tiefsten Zuneigung, jahrelanger Prüfung und Leiden ...« Es ist eine Liebe, die nach einer Heirat verlangt. »Die Ehe mit der Gräfin ist das Mittel, mich für die ganze Zeit meines Lebens zu dem zu stempeln, was ich sein will und soll: zu einem treuen Mann und zu einem glücklichen Menschen ... Eine andere Ehe kann und werde ich nie mehr eingehen, denn es widerstrebt mir, und ich vermag es nicht, mich ohne Liebe mit einer anderen zu verbinden und sie und mich unglücklich zu machen, während mein Herz der Gräfin gehört und ewig gehören muss ...«[109]

Bekanntgabe der Hochzeit

Exakt eine Woche vor der Hochzeit, am 25. Juni 1900, erscheinen die ersten offiziellen Zeitungsberichte, die über die Heirat und Renunziation des Erzherzogs berichten. Die Heirat wird überwiegend positiv aufgenommen, wobei in Sophies Heimat der stolze Ton in der Berichterstattung überwiegt. »Aus unserem herrlichen Elbethale holt sich der Prinz seine Braut«, berichtet die böhmische Leitmeritzer Zeitung, »und im deutschen Nordböhmen tritt er mit ihr an den Traualtar.«[110] Einige Journalisten lassen sich von ihren romantischen Sehnsüchten überwältigen. »Triumph der Liebe« jubelte die italienische Sonntagsillustrierte Grand Mondo. Eine Zeitung ging noch einen Schritt weiter. »Ein Märchenroman«, heißt es da, »wie eine Geschichte aus der Blütezeit deutscher Ritterlichkeit, da die Herren in Eisen und Stahl um ihre Liebe kämpften, Hindernisse mit Löwenmuth beseitigten und der edlen Minne ihr kühnes Herz und tapferes Schwert weihten – und dennoch eine Geschichte von heute, ein inniglicher Liebesroman aus der Gegenwart.«

Man leidet aber auch mit dem Schicksal der zukünftigen Thronfolgergattin, denn eine morganatische Ehe ist kein Kinderspiel. »Die Würde des künftigen Herrschers wird Gräfin Sophie Chotek nicht teilen, aber die Bürde, die Sorgen und Lasten, das bleibt der Gattin unbestrittenes und unentreißbares Vorrecht.«[111]

Franz Ferdinand konnte von seiner Heirat in der Morgenzeitung lesen, denn offiziell erfährt er es nachmittags um 14 Uhr, als er zum Kaiser gerufen wird. Danach schreibt er an Sophie, »Geliebteste Sophie! Mein Alles! Dein Franzi ist einfach narrisch vor Freude. Denk dir Soph. S(eine) M(ajestät) ließ mich früh 2 Uhr Nm (nachmittags) holen, gab mir sehr freundlich die Einwilligung am 1 Juli in Reichstadt zu heiraten! Hoch hoch hoch!«[112] Noch am selben Tag schickt der Thronfolger seinen Berater Beck zu seinen Brüdern, um diese zur Hochzeit einzuladen. Diese lehnen zur großen Enttäuschung Franz Ferdinands ab. Beck muss den bedrückten Erzherzog aufheitern. »Ich riet ihm keinen feindlichen Gedanken gegen die Brüder aufkommen zu lassen, sondern ihr Verhalten auf Rechnung von Prinzipienreiterei, Irreleitung und Ärger zu setzen. Er versprach dies.«[113] Vor der Hochzeit, die seine Stiefmutter in Reichstadt auf ihrem Witwensitz organisiert, schreibt Franz Ferdinand noch Dankesbriefe. Ein langer geht an Prinzessin Stephanie: »Ich weiß ja, mit welch warmen Interesse du meine Angelegenheit verfolgt hast und wie lieb du stets darüber mit mir gesprochen hast und wie lieb du stets meine Braut behandelt hast, dein gutes Herz hat da gesprochen: es tut Einem so wohl, einmal ein warmfühlendes Herz zu finden in dieser entsetzlich nüchternen Gesellschaft, in der zu leben man gezwungen ist.« Er steht der Erfüllung seines Traums so nahe wie nie zuvor. »Du kannst es nicht ermessen, wie glücklich ich mich fühle, endlich am Ziele meiner Wünsche angelangt zu sein. Was ich in diesen langen 16 Monaten, seit ich das erste Mal bei Sr. Majestät war, durchgemacht hatte an Seelenqualen und an Kummer ist unbeschreiblich, und nur meine unbesiegbare Liebe zu meiner Braut und ihr treues aufopferndes Festhalten ließ mich Alles überwinden. Wir haben beide in diesem Kampfe graue Haare bekommen, aber nun sehen wir einer frohen Zukunft entgegen.« Es erfolgt erneut ein Plädoyer für die Liebesehe: »Es ist merkwürdig, was für unglaubliche Begriffe in unseren höheren Gesellschaftsklassen herrschen und wie die Stimme des Herzens so gar nicht berücksichtigt wird. Lieber opfert man auf dem Altare der antiquierten und lächerlichen ›Convenienz‹ zahlreiche gebrochene Herzen und vernichtet Existenzen, als dass man dem Herzen freien Lauf lässt und glückliche Menschen schafft! Was Alles versucht wurde, um mein Glück unmöglich zu machen, wirst du dir denken können. Umso größer betrachte ich den Sieg, den ich über diese Vorurtheile errungen habe! Nun habe ich in wenigen Tagen eine Lebensgefährtin, die ich seit 5 Jahren liebe, die ein goldener Schatz ist und an deren Seite ich endlich Glück und Ruhe finden werde.«[114]

Renunziationserklärung Franz Ferdinands

Am 28. Juni 1900 ist es so weit. Es ist ein schöner Sommertag, doch im Spiegelzimmer, wo sich alle männlichen volljährigen Erzherzoge versammeln, herrscht eine seltsame Stimmung. An sich war eine solche Renunziationserklärung nichts Ungewöhnliches. Alle Erzherzoginnen mussten »renunzieren«, wenn sie außerhalb des Hauses Habsburg heirateten. Franz Ferdinands Schwester Margarethe hatte vor ihrer Heirat mit einem württembergischen Prinzen selbst diesen Eid abgelegt. Ungewöhnlich waren an der Versammlung nur zwei Dinge: dass sie während der bereits begonnenen Sommersaison stattfand und viele Erzherzoge von ihren teilweise weit entfernten Sommerresidenzen nach Wien angereist waren. Der Kaiser selbst, der um diese Zeit gewöhnlich in Ischl weilte, hatte seine Abreise verschoben. Der zweite noch viel ungewöhnlichere Umstand, der diese Renunziation begleitete, war natürlich, dass der Eid von einem männlichen Erzherzog abgelegt wurde, der selbst auf nichts verzichtete, denn er blieb weiterhin Thronfolger und Mitglied des Allerhöchsten Erzhauses, während Erzherzoginnen, die fremde Prinzen heirateten, das Erzhaus verließen. Franz Ferdinand hingegen war im Begriff den Eid für andere Personen abzulegen, für seine zukünftige Frau Gräfin Sophie Chotek und seine noch ungeborenen Nachkommen. Das war einzigartig in der Geschichte des Hauses.

Um 12 Uhr folgt Erzherzog Franz Ferdinand dem Kaiser in die geheime Ratsstube. Dort sind die anderen Zuschauer schon versammelt, unter ihnen eine ausgewählte Zahl von Kämmerern. Dort sitzen beispielsweise sein ehemaliger Kammervorsteher Graf Leo Wurmbrand-Stuppach, der inzwischen als Obersthofmeister bei Erzherzog Ludwig Viktor, dem jüngsten Bruder Kaiser Franz Josephs, arbeitete. Der Kaiser stellt sich vor den Thron, der in der Mitte der Ratsstube steht. Er verliest mit fast drohender Stimme den folgenden vorbereiteten Text:

Ich habe am heutigen Tage die Mitglieder Meines Hauses, Meine Geheimen Räthe und Meine Minister um Mich und Meinen Thron versammelt, damit sie als Zeugen einer feierlichen Handlung anwohnen, die für Mich, Mein Haus und die Monarchie gleich bedeutungsvoll ist.
Dem Zuge des Herzens folgend, hat Seine kaiserliche und königliche Hoheit der durchlauchtigste Herr Erzherzog Franz Ferdinand von Österreich-Este von Mir als dem obersten Haupte des gesamten Erzhauses die Einwilligung erbeten, dass er Sich mit Gräfin Sophie von Chotek ehelich verbinden dürfe.
Als Beweis Meines steten Wohlwollens für Meinen geliebten Herrn Neffen, habe ich der Bitte Folge gegeben.
Da aber Gräfin Chotek, wenngleich edlem Geschlechte entstammend, doch einer jener Familien nicht angehört, mit welchen nach den seit jeher in Unserem Hause geltenden Grundsätzen die Mitglieder des Erzhauses ebenbürtige Ehen zu schließen vermögen, so kann die Ehe, welche Mein geliebter Herr Neffe einzugehen im Begriffe steht, nur als eine morganatische Ehe gelten.
Bevor nun Mein geliebter Herr Neffe zur Eheschließung schreitet, wird derselbe über meine Anordnung in feierlicher Weise und unter Eid die Erklärung abgeben, dass die von Ihm mit Gräfin Sophie Chotek einzugehende eheliche Verbindung eine morganatische Ehe ist, und dass demzufolge Seiner Frau Gemahlin und Seinen aus dieser Ehe entstammenden Kinder und Nachkommen die Rechte nicht zustehen, welche den ebenbürtigen Gemahlinnen und den aus ebenbürtiger Ehe stammenden Kindern und Nachkommen der Herren Erzherzoge gebühren.
Ich fordere Sie alle auf, der Verlesung dieser Erklärung, womit ich den Minister Meines Hauses und des Äußern nun beauftrage, aufmerksam zuzuhören und ermahne Meinen geliebten Herrn Neffen, die Verpflichtungen des Eides, den Er ablegen wird, Sich stets gegenwärtig zu halten und getreulich zu erfüllen.«

Nach dieser Ansprache verbeugen sich alle Anwesenden tief als Zeichen ihrer Gehorsamkeit und Loyalität zum Kaiserhaus.

Auch Franz Ferdinand verbeugt sich vor dem Kaiser, geht zu einem Tisch, wo ein Kruzifix steht, legt die beiden ersten Finger der entblößten rechten Hand auf ein vom Kardinal Fürsterzbischof Gruscha vorgehaltenes Evangeliumbuch. Jetzt hat Außenminister Graf Agenor Goluchowski seinen großen Auftritt, denn er darf die Verzichtsformel verlesen.

> *»Wir Erzherzog Franz Ferdinand Carl Ludwig Joseph Maria von Österreich-Este etc. erklären es als Unseren festen und wohlerwogenen Entschluss, Uns mit der hochgeborenen Gräfin Sophie Maria Josephine Albina Chotek von Chotkowa und Wognin, Dame des hochadeligen Sternkreuzordens und Tochter des verstorbenen Geheimen Rathes, Kämmerers und Oberststabelmeisters Seiner kaiserlichen und königlich Apostolischen Majestät Bohuslav Grafen Chotek von Chotkowa und Wognin, und dessen gleichfalls in Gott ruhenden Gemahlin, Gräfin Wilhelmine, geborenen Gräfin Kinsky von Wchinitz und Tettau, Sternkreuzordens- und Palastdame ehelich zu verbinden. Zu dieser ehelichen Verbindung haben Wir, in Beobachtung der seit Altersher in dem durchlauchtigsten Erzhause bestehenden Observanz und der Bestimmungen der Uns bindenden Hausgesetze die Einwilligung Seiner kaiserlich und königlich Apostolischen Majestät, des glorreich regierenden Kaisers und Königs Franz Josephs I., Unseres erhabenen Oheims, als des durchlauchtigsten obersten Hauptes des gesammten Erzhauses erbeten und eingeholt, und haben Seine Majestät geruht, Uns dieselbe als einen neuen Beweis Allerhöchst Ihrer gnädigen und wohl wollenden Gesinnungen, huldreichst zu ertheilen. Bevor Wir aber zur Schließung des ehelichen Bundes schreiten, fühlen Wir Uns veranlasst, unter Berufung auf die oben erwähnten Hausgesetze des durchlauchtigsten Erzhauses, deren Bestimmungen Wir noch ganz besonders im Hinblicke auf gegenwärtige von Uns einzugehende Ehe vollinhaltlich anerkennen und als bindend erklären, festzustellen, dass Unsere Ehe mit Gräfin Sophie Chotek nicht eine ebenbürtige, sondern eine mor-*

ganatische Ehe ist und als solche für jetzt und alle Zeiten anzusehen ist, demzufolge weder Unserer Frau Gemahlin, noch den, mit Gottes Segen, aus dieser Unserer Ehe zu erhoffenden Kindern und deren Nachkommen jene Rechte, Ehren, Titel, Wappen, Vorzüge etcetc zustehen und von denselben beansprucht werden können und sollen, die den ebenbürtigen Gemahlinnen und den aus ebenbürtiger Ehe stammenden Nachkommen der Herren Erzherzoge zukommen.
Insbesondere erkennen und erklären Wir aber noch ausdrücklich, dass Unseren aus oben erwähnter Ehe stammenden Kindern und deren Nachkommen, nachdem dieselben nicht Mitglieder des Allerhöchsten Erzhauses sind, ein Recht auf die Thronfolge in den im Reichsrathe vertretenen Königreichen und Ländern und somit auch im Sinne der Gesetzartikel 1723:I und II in den Ländern der ungarischen Krone nicht zusteht, und selbe von der Thronfolge ausgeschlossen sind.
Wir verpflichten Uns mit Unserem Worte, dass Wir gegenwärtige Erklärung, deren Bedeutung und Tragweite Wir Uns wohl bewusst sind, als für alle Zeiten, sowohl für Uns, wie für Unsere Frau Gemahlin und Unsere aus dieser Ehe stammenden Kinder und deren Nachkommen bindend anerkennen, und dass Wir niemals versuchen werden, diese gegenwärtige Erklärung zu widerrufen oder Etwas zu unternehmen, welches darauf hin zielen sollte, die bindende Kraft derselben zu schwächen oder aufzuheben.
Zur Bestätigung gegenwärtiger in zwei Exemplaren auszustellender Erklärung haben Wir diese Urkunden eigenhändig gefertigt und mit Unserem erzherzoglichen Insiegel versehen lassen.«

Franz Ferdinand spricht die Eidesformel ab, unterschreibt danach die Urkunden. Dann ist der feierliche Akt beendet. Zeugen der Zeremonie haben den Eindruck einer ernsten, trüben Trauerhandlung. Auf den Tag und fast auf die Stunde genau 14 Jahre nach der Verzichtserklärung sollten Franz Ferdinand und Sophie in Sarajevo gemeinsam den Tod finden.

Die trübe Stimmung, die sich angeblich über die Versammlung gelegt hat, hat den Erzherzog Franz Ferdinand nicht erfasst. Er telegrafiert an Sophie, die sich bei ihrer Schwester Antonie Wuthenau in Dresden aufhält, um 13:20 Uhr: »Gott sei dank alles vorüber und brillant ausgefallen ... Freue mich riesig ... Unbeschreiblich gerührt über Brief 3 und dein so herrliches und ermutigendes Telegramm welches noch vor der Feier ankam. Gedenken und Gebet haben so viel zum Sieg beigetragen. Namenlose Dankbarkeit und Rührung für jetzt und immer. Zärtlichste Prosa.«[115]
Am frühen Abend verabschiedet sich Franz Ferdinand von seinem Berater Beck, ohne den er seinen Heiratswunsch wohl kaum hätte durchsetzen können. Es ist ein emotionaler Moment. Der Thronfolger ist »tief bewegt, ... ganz rot im Gesicht und bekam feuchte Augen.«[116] Auch Beck stehen Tränen in den Augen und die Freude über das bevorstehende Ereignis hat beiden die Sprache verschlagen. Sie schütteln sich lange die Hand, bis Franz Ferdinand seine Stimme wieder findet und Beck sein ewiges Vertrauen und seine Freundschaft bis ans Lebensende versichert.

Fürstin von Hohenberg

Am Morgen der Hochzeit erhebt Kaiser Franz Joseph Gräfin Sophie Chotek per Handschreiben zur Fürstin von Hohenberg. »Ich fühle Mich in Gnaden bewogen, die morganatische Gemahlin Meines Herrn Neffen des Erzherzogs Franz Ferdinand von Österreich-Este, Sophie geborene Gräfin Chotek von Chotkowa und Wognin taxfrei in den erblichen Fürstenstand mit dem Namen ›Hohenberg‹ und dem Prädikat ›fürstliche Gnaden‹ zu erheben«, schreibt er an seinen Minister Goluchowski. Dieser setzte das Obersthofmeisteramt Franz Ferdinands sofort davon in Kenntnis.
Die Verleihung des Namens »Hohenberg« war ganz in Franz Ferdinands Sinne. Franz Ferdinand hatte das Pseudonym »Graf

Die Fürstin von Hohenberg

von Hohenberg« auf seinen Reisen verwendet. Eine jüngere Linie des Hauses Zollern nannte sich Hohenberg, nach einer Grafschaft, die im Schwarzwald und am Neckar lag. Gräfin Gertrude Hohenberg war die Gemahlin des ersten Habsburgers Rudolf, des späteren römisch-deutschen Königs, gewesen und die Stammmutter des Allerhöchsten Kaiserhauses geworden. Ein interessantes Detail war, von dem das Brautpaar aber wahrscheinlich nichts wusste, dass auch die Nachkommen der Philippine Welser, der ersten morganatischen Habsburgergattin, Grafen von Nellenburg und Hohenberg gewesen waren.
Mit dem Rang, dem »erblichen Fürstenstand«, der seiner zukünftigen Gemahlin eingeräumt worden war, war Franz Ferdinand aber überhaupt nicht zufrieden. Der Kaiser hatte seiner Gattin, der nunmehrigen Fürstin Sophie Hohenberg, *»am Allerhöchsten Hofe den Rang nach den Gemahlinnen und Witwen der Chefs der mediatisierten, vormals reichsunmittelbaren deutschen Fürstenhäuser allergnädigst zu verleihen geruht«*. Dies bedeutete, dass Sophie nicht nur nach allen Mitgliedern des Allerhöchsten Erzhauses gereiht war, womit man hatte rechnen müssen, sondern auch erst nach allen mediatisierten Fürstenhäusern kam. Laut einer Liste, die im Ministerium des kaiserlichen Hauses im Jahre 1900 erstellt wurde, gab es 15 mediatisierte Fürstenfamilien, die in Österreich ansässig waren. Diese Entscheidung des kaiserlichen Hofes verhieß nichts Gutes, doch wollte er sich nicht schon seinen Hochzeitstag durch Hofschikanen verderben lassen.

Hochzeitstag auf Reichstadt

Sonntagmorgen wurde die Hochzeitsgesellschaft von bewölktem Wetter begrüßt. Nachdem es die vergangenen Tage schön gewesen war, zog sich der Himmel immer weiter zu und um 9:30 Uhr begann es leicht zu regnen. Der Erzherzog betritt zuerst die Kirche, er trägt die Generalsgalauniform. Er führt seine geliebte Stiefmutter Maria Therese, die ein cremefarbenes Kleid mit lila

Gürtel trägt. Seine Stiefschwestern Erzherzogin Maria Annunziata und Erzherzogin Elisabeth Amalia folgen. Das sind auch schon alle Mitglieder des Hauses Habsburg, die an der Hochzeit teilnehmen. Seine Brüder fürchteten den Zorn des Kaisers auf sich zu ziehen, wenn sie an der Hochzeit teilnehmen würden. Die weiblichen Mitglieder seiner Familie besaßen mehr Courage.

Dann tritt die Braut, Gräfin Sophie Chotek, ein. »Sie sieht entzückend schön aus«, schreibt die Neue Freie Presse, »ihre mädchenhafte Anmuth wird durch das glänzende Weiß des Brautgewandes noch gehoben.«[117] Geführt von ihrem Cousin, Erbprinz Aloys von Löwenstein, schreitet sie den Mittelgang der Kirche hinab. Sie trägt ein weißes Atlaskleid mit bodenlanger Schleppe, um die schlanke Taille windet sich feines Spitzengewebe. Ihr kleines Brautbouquet besteht zur Gänze aus Myrthen- und Orangenblüten, den Symbolen für die Jungfräulichkeit der Braut, die sich auch im Rest des Outfits wiederfinden, im Brillantdiadem, am Saum des Hochzeitskleids. Zu ihrer Linken der Chef des Hauses Chotek, ihr Neffe Karl Graf Chotek.

Die Trauung wird von Dekan Hickisch, dem Beichtvater Erzherzogin Maria Thereses, vorgenommen. Er hält folgende Ansprache: »Eure kaiserliche und königliche Hoheit, Herr Erzherzog und Bräutigam! Hochgeborene Braut! Es ist die Stunde gekommen, in welcher die heißesten Wünsche Ihrer Herzen erfüllt werden durch die Schließung des unauflöslichen Bundes, durch welchen Sie vereinigt werden zur innigsten Gemeinschaft. Dieser ehrwürdige Bund soll jetzt besiegelt und gesegnet werden durch jenes heilige Sakrament, von welchem der Apostel sagt, es sei ein großes Sakrament in Christo und seiner Kirche. Damit nun die Gnade dieses heilige Sakraments sich über Sie ergieße und verbleibe und Ihr Ehebund vor Gott und den Menschen Geltung habe, wird nach den Vorschriften der heiligen Kirche noch erfordert, dass Eure kaiserliche und königliche Hoheit vor mir als bevollmächtigtem Diener der Kirche und vor Ihren erwählten anwesenden Herren Zeugen durch Ihr Jawort erklären, dass Sie die gegenwärtige erlauchte Braut, Sophie Gräfin Chotek, zu Ihrer wahren und rechtmäßigen Gemahlin nehmen und bis zum Tode mit ihr in ehelicher Gemeinschaft verharren wollen.«

Laut und mit fester Stimme bejaht Erzherzog Franz Ferdinand. Danach spricht Sophie ihr Ehegelübde mit ebenso klarer Stimme. Der Ringwechsel erfolgt und der Dekan schließt seine Rede mit den Worten: »Mögen diese Trauringe zugleich auch allezeit Zeugen Ihres ungetrübten ehelichen Glückes sein! Das ist der heiße Wunsch vieler Millionen Herzen, insbesondere auch der, die jetzt in Ihrer Nähe weilen. Da aber nur der allmächtige Gott verleihen und erfüllen kann, was wir wünschen und hoffen, so wollen wir jetzt zu ihm beten.«[118] Als Trauzeuge für den Bräutigam agiert sein Obersthofmeister Heinrich Nostitz, Sophies Trauzeugen sind ihr Bruder Wolfgang und ihr Neffe Graf Karl Chotek, Chef des Hauses Chotek.

Nach der Trauung findet ein Dejeuner in Schloss Reichstadt statt. Die Hochzeitsgesellschaft besteht nur aus den unmittelbaren Verwandten des Brautpaares, wobei die Brüder und der Onkel Franz Ferdinands, der Kaiser von Österreich, fehlen. Das Kaiserhaus schickt nicht einmal einen Vertreter. Das offizielle Österreich konnte sich immer noch nicht mit der Heirat abfinden. Nachdem der dritte Gang, laut Hochzeitsmenü ein Rehrücken, verspeist ist, bringt Erzherzogin Marie Therese ein dreifaches Hoch auf das Brautpaar aus. Um 14 Uhr nachmittags verlässt das neu vermählte Paar das Schloss in einem offenen Landauer mit Endstation Konopischt.

Ein neuer Lebensabschnitt hat begonnen. Sechs Jahre nach der ersten intensiveren Begegnung, vier Jahre nach dem ersten Heiratsantrag und fast zwei Jahre nach einem zermürbenden Kampf, der weniger willensstarken Charakteren den letzten Nerv geraubt hätte. Gemeinsam hatten sie seine schwere Krankheit überstanden, den Tod ihrer beider Väter und gemeinsam hatten sie um ihr Glück gerungen und eine Auseinandersetzung überstanden, die mit Einsatz aller Mittel gefochten worden war. Doch das war Vergangenheit. Franz Ferdinand und Sophie waren jetzt offiziell in Liebe vereint.

Ehe und gemeinsamer Tod

Flitterwochen auf Schloss Konopischt

Die Frischvermählten sind auf Schloss Konopischt und genießen ihre Flitterwochen, den ersten gemeinsamen Urlaub ohne Heimlichkeiten. »... wir beide sind unsagbar glücklich«, schreibt Franz Ferdinand an seine Stiefmutter Erzherzogin Marie Therese, »dieses Glück verdanken wir in erster Linie dir! Wo wären wir heute, wenn du dich nicht in so edler rührender Weise unserer angenommen hättest!«[119] Erzherzogin Marie Thereses Einsatz beim Kaiser hatte zur Erteilung der Heiratserlaubnis beigetragen. Der Thronfolger bedankt sich auch in Sophies Namen für ihren Einsatz und versichert ihr, »dass du so ein gutes Werk gemacht hast und dass du deine 2 Kinder für ihr ganzes Leben glücklich gemacht hast.« Da Sophie zudem diesen Brief nicht lesen wird, verrät Franz Ferdinand seiner Mutter, »unter 4 Augen, dass Soph ein Schatz ist, dass ich unbeschreiblich glücklich bin. Sie sorgt so für mich, mir geht es famos, ich bin so gesund und viel weniger nervös. Ich fühle mich wie neugeboren. ... Ich habe vollkommen in meinem Innern das Gefühl, dass wir beide bis zu unserem Lebensende unbeschreiblich glücklich sein werden.«[120]
Nach zwei Wochen Konopischt fahren beide nach Lölling in Kärnten, wo Franz Ferdinand ein kleines Jagdschloss besaß. Er hatte dort schon viele Sommerurlaube verbracht, oft in Begleitung seiner nunmehrigen Schwäger, Graf Jaroslav und Gräfin Rischel Thun. Wie ein bürgerliches Ehepaar unternehmen Franz Ferdinand und Sophie, meist ohne jegliche Begleitung, von Lölling aus Tagesausflüge in die weitere Umgebung, oft auf die

Guttaringalpe, einer der Lieblingsplätze des Erzherzogs. Besonders Sonntag morgens gehen sie gerne auf die Alpe, um an der Freiluftmesse teilzunehmen, die der Löllinger Pfarrer dort abhält. Nach der Messe machen sie meist ein Picknick in einer abgelegenen Tannengruppe. Einmal haben sich die beiden schon in der Lichtung niedergelassen, als ein anderes Ehepaar den Platz betritt, offenbar in dem Glauben, hier allein sein zu können. Bevor sich das überraschte Ehepaar zurückziehen kann, um eine potenziell peinliche Situation mit dem Thronfolger zu vermeiden, hat der leutselige Franz Ferdinand die beiden aber schon gebeten doch näher zu treten und ein zwangloses Gespräch mit den ihm gänzlich Fremden angefangen. Als er dann noch erfährt, dass das Ehepaar in Graz wohnt, ruft er erfreut, dass er ja dann Landsleute vor sich habe, denn er sei in Graz geboren. Danach teilt das Erzherzogspaar das mitgebrachte Essen mit den Fremden und setzt seine lockere Unterhaltung fort.
Nach dem Löllinger Aufenthalt sind die Flitterwochen vorbei. Die Pflicht ruft, denn Franz Ferdinand erhält eine Einladung des deutschen Kaisers Wilhelm, an Manövern in Stettin teilzunehmen. Er betrachtet dies als große Ehre, »so schauerlich« es ihm auch ist, »mein Sopherl eine ganze Woche allein lassen zu müssen«. Noch mehr freut ihn jedoch, dass die Einladung »bei allen bösen Menschen à la Marshalls, M. Josepha, Ludwig Victor, Isabelle etcetcetc doch einiges Erstaunen hervorrufen dürfte, dass K. Wilhelm, der jetzt doch der größte Mordskerl in Europa ist, einen Menschen gleich darauf einladet, nachdem er das Verbrechen begangen hat, einmal eine glückliche Ehe nach seinem Herzen einzugehen!!«[121]

Familiäre Isolation

Dieser Brief zeigt aber auch, wie sehr der Erzherzog in seiner eigenen Familie isoliert war. Seit dem verhängnisvollen Treffen im Mai, wo die Brüder ihm ein letztes Mal zugeredet hatten, aus Pflichtbewusstsein von einer Heirat abzusehen, war der Kontakt zwischen dem Thronfolger und seinen Brüdern äußerst gestört. Dass weder Erzherzog Otto noch Erzherzog Ferdinand Karl zur Hochzeit gekommen waren und ihre Treue zum Kaiser über die zur allernächsten Verwandtschaft stellten, hatte Franz Ferdinand sehr betrübt. Mit seiner Schwester Margarethe hatte er sich schon lange vor der Hochzeit wegen eines Erbschaftsstreits überworfen. Von seiner eigenen Familie standen lediglich seine »Mama« und ihre beiden Töchter Maria Annunziata und Elisabeth hinter ihm.

Im Kreis der anderen Erzherzöge und Erzherzoginnen konnte er ebenfalls nicht mit Anerkennung oder Unterstützung rechnen. Seine größte Feindin war nach wie vor Erzherzogin Isabella, die sämtliche Erzherzoginnen auf ihre Seite gezogen hatte, sogar die relativ liberal eingestellte wie Erzherzogin Marie Valerie, die eine eifrige Verfechterin von Liebesehen war. Freilich nur so lange, wie der potenzielle Bräutigam ein standesgemäßer war. Aus Sicht der Erzherzoginnen ließ sich die Eheschließung des Thronfolgers nicht rechtfertigen. Es war für die meisten schwer genug, passende Ehepartner in dem kleinen Kreis der Ebenbürtigen zu finden. Wenn diese sich nun reihenweise »eine Etage tiefer« umsahen und dies auch noch vom Kaiser genehmigt wurden, was sollten Erzherzoginnen dann tun?

Bei einer Gesellschaft machte Sophie den Fehler einige Worte an Erzherzogin Elisabeth, das einzige Kind von Kronprinz Rudolf und Prinzessin Stephanie, zu richten. Sie kannte die Erzherzogin aus ihren Zeiten als Hofdame und durch ihre Schwester Zdenka, die bei Prinzessin Stephanie Hofdame gewesen war. Ein schwerer Fehler. »Denken Sie sich, sie hat mich angecerkelt!«, empörte sich Elisabeth später.[122] Ausgerechnet Erzherzogin Elisabeth, die später durch ihre Heirat mit dem Sozialdemokraten Leopold Petznek als »rote Erzherzogin« in die Geschichte eingehen sollte, war eine der formidabelsten Feinde des Thronfolgerpaares. Elisabeth war eine gute Freundin von Isabellas Töchtern, und Isabella hatte es fertig gebracht, das Thronfolgerpaar in der höchsten Gesellschaft unmöglich zu machen.

Mit ihrer eigenen Verwandtschaft hatte Sophie wenig Kontakt, denn Franz Ferdinand verhielt sich zu ihr distanziert. Auch nach der Hochzeit musste ihn die österreichische Verwandtschaft seiner Frau, also die Grafenehepaare Kara und Leopold Nostitz, Rischel und Jaroslav Thun-Hohenstein, Wolfgang und Anna Chotek und die älteste Schwester Gräfin Zdenka Chotek weiterhin als kaiserlichen Prinzen behandeln, also mit »Sie« ansprechen. Diejenigen Schwestern, die mit deutschen Aristokraten verheiratet waren, deren Männer also keine »Untertanen« des Reichs Österreich-Ungarn waren, wurden hingegen geduzt. Es waren dies Sophies jüngere Schwestern Gräfin Oktavia Schönburg-Glauchau und Baronin Marie Antonie Wuthenau. Aller Wahrscheinlichkeit nach hat dieses absonderliche Verhalten einige Irritationen ausgelöst. Man stelle sich vor – ein Spross des uralten Geschlechts Thun, so alt wie die Habsburger-Monarchie selbst, oder die ehrwürdige Familie Nostitz, deren Ursprung sich ebenfalls bis ins 13. Jahrhundert dokumentieren ließ, mussten sich siezen lassen, während ein relativ »neuer« Baron wie Wuthenau das Privileg des kaiserlichen Duworts genoss. Eine weitere Ausnahme wurde für die jüngste und noch unverheiratete Schwester Gräfin Marie Henriette, die Stiftsdame in Prag war, gemacht. Sie wurde ebenfalls geduzt, weil Franz Ferdinand sie besonders gerne mochte, sowie besonders häufig zu Familiendiners geladen oder als Babysitter engagiert. Die anderen Geschwister, die natürlich in ihren eigenen Familien auch anderweitige Verpflichtungen hatten, mussten sich mit eher kurzen Begegnungen zufrieden geben. »Oft musste da eine flüchtige Begrüßung auf irgendeiner Bahnstation genügen, wenn die erzherzogliche Familie auf einer ihrer vielen Reisen den Wohnort einer der Schwestern oder des einzigen Bruders der Fürstin berührte, der als Hofrat in Linz in Verwendung stand«, schrieb Franz Ferdinands Privatsekretär Nikitsch in seinen Erinnerungen.[123] Es war so gekommen, wie es die Zeitungen vorausgesagt hatten. In ganz besonderem Maße war das Paar darauf angewiesen, das Glück im häuslichen Kreise zu suchen und zu wahren.

Realitäten einer morganatischen Ehe

Die familiäre Isolation war jedoch nichts gegen die Behandlung, die dem Paar auf offizieller Ebene zuteil wurde. Ganze zwei Monate brauchte Kaiser Franz Joseph, um die Neuvermählten zu treffen. Am 6. September 1900 empfängt er sie in der Hofburg und berichtet nachher an Katharina Schratt, dass das Treffen gut verlaufen sei. Über Sophies Charakter kann er sich nicht beklagen. »Sie war natürlich und bescheiden«, schreibt er, nur um den Satz mit einem, »sieht aber nicht mehr jung aus ...« zu beenden.[124] Sicherlich, Sophie war zum Zeitpunkt ihrer Heirat wesentlich älter als die meisten Bräute der Habsburger. Sie war sogar doppelt so alt wie Kaiserin Elisabeth bei ihrer Hochzeit gewesen war, diese zählte gerade einmal 16 ½ Jahre. Wenn der Kaiser die Fürstin Hohenberg auch als Person schätzte, und er hat sich niemals negativ über ihren Charakter geäußert, war doch das, was sie verkörperte, die morganatische Gemahlin des zweithöchsten Mitglied im Allerhöchsten Erzhaus, ihm zutiefst zuwider.

Mit der Zeit wurde Franz Ferdinand und Sophie klar, was es bedeutete, eine morganatische Ehe zu führen. Da ein Habsburger praktisch immer »im Dienst« war, sobald er die privaten vier Schlossmauern hinter sich ließ, wurden sie bei jedem Schritt vor die Tür daran erinnert, dass sie aus Sicht der Außenwelt ein ungleiches Paar waren. Selbst ein einfacher Theaterbesuch wurde auf diese Weise zur Farce. In Hoftheatern war es unmöglich, dass beide nebeneinander saßen, Franz Ferdinand hatte als Mitglied des Erzhauses Anspruch auf einen Platz in der Hofloge, wo seine Frau als Nichthabsburgerin nicht sitzen durfte, zu Sophie konnte sich Franz Ferdinand auch nicht setzen, denn der Platz eines Habsburgers war in der Hofloge und sonst nirgends. In Privattheatern galten diese Restriktionen nicht, aber die dort gespielten Stücke waren weniger anspruchsvoll. Franz Ferdinand regte sich derart darüber auf, dass ihm die Lust an der darstellenden Kunst bald verging. Doch die kunstsinnige Sophie mochte nicht auf Theater und Musik verzichten. Sie ging

dann alleine mit einem ihrer zahlreichen böhmischen Verwandten.
Aber die Probleme bei einem Theaterbesuch begannen nicht erst vor Ort. Auch die Fahrt dorthin wurde schon strikt geregelt, nur leider war auch hier wieder keine Gemeinsamkeit der Ehepartner möglich. Franz Ferdinand hatte als Thronfolger Anspruch auf den Erzherzogwagen mit den goldenen Speichen, während Sophie mit einem normalen Wagen Vorlieb nehmen musste. Wäre sie nicht seine Ehefrau, sondern eine hohe Angestellte Franz Ferdinands gewesen, hätte sie selbstverständlich ohne weiteres im Hofwagen Platz nehmen dürfen. Doch damals hatten Erzherzoge natürlich keine weibliche Angestellten. Als Hofdame hätte sie im erzherzoglichen Wagen mitfahren können oder Anspruch auf einen speziellen Wagen mit dunkelgrünen Rädern gehabt, als morganatische Gemahlin des Thronfolgers nicht. Erst viel später wurde diese Beschränkung gelockert.

Schahbesuch in Wien

Das erste bedrückende Erlebnis war der Besuch des Schahs in Wien. Das persische Oberhaupt besuchte Wien vom 18. bis 22. September 1900. Der Aufenthalt des Schahs war immer ein besonderes Ereignis, weil dieser durch Glanz und Glamour besondere Herrlichkeit in die Stadt brachte. Bei der Wiener Weltausstellung 1873 hatte er das Volk und auch den Hof durch seine prunkvollen Gewänder und großen Brillanten in Begeisterung versetzt. Nun war er wieder da, und selbstverständlich wollten alle bei diesem Besuch dabei sein. Als Thronfolger hatte Franz Ferdinand eine wichtige Rolle, die er auch wahrnahm. Ebenso eindeutig war die Aufgabe, die seine Ehefrau bei diesem Besuch übernehmen durfte, nämlich gar keine oder eine nur sehr untergeordnete. Das war bitter, konnte jedoch ertragen werden. Franz Ferdinand hatte dem Kaiser in seinem Brief vor der Hochzeit schließlich versichert, dass sich seine Frau nicht in der Öffentlichkeit zeigen würde. In Abwesenheit einer Kaiserin und

einer standesgemäßen Gattin des Thronfolgers fehlte aber somit der weibliche Mittelpunkt des Besuchs.
Normalerweise sprang in solchen Fällen eine ranghohe Erzherzogin ein. Die logische Wahl wäre Erzherzogin Marie Therese gewesen, die Witwe des vorherigen Thronfolgers. Es kam aber anders. Ausgerechnet Erzherzogin Isabella und Erzherzogin Elisabeth, die beiden größten Feinde des Thronfolgerpaares, wurden gebeten, die Rolle der weiblichen Gastgeberin einzunehmen. Auf Außenstehende musste es wirken, als wolle der Kaiser die beiden für deren entschiedene Kritik an der Mesalliance belohnen. Erzherzogin Marie Therese und ihre Töchter, die, wie alle Welt wusste, dem Thronfolger beistanden, spielten keine Rolle beim Schahbesuch. Zu Franz Ferdinands Begleitung bei einem Opernabend mit dem Schah wurde ausgerechnet Erzherzogin Marie Christine, die älteste Tochter Erzherzogin Isabellas, bestimmt, die er, wenn es nach Isabella gegangen wäre, geheiratet hätte.
Weitere Demütigungen wurden durch den Rückzug des Kaisers vom gesellschaftlichen Leben verursacht. Nach der Vollendung seines 70. Lebensjahres am 18. August 1900 beschloss der Kaiser in der kommenden Ballsaison etwas kürzer zu treten und ersuchte daher seinen Neffen Franz Ferdinand, ihn auf den wichtigsten Bällen zu vertreten. Als der Thronfolger bat seine Gemahlin mitnehmen zu dürfen, wurde ihm bedeutet, dass das wohl unpassend wäre. An seiner Seite hätte Sophie ohnehin nicht den Ball besuchen können, sondern wäre als Fürstin mit einem extra Begleiter gekommen und hätte erst lange nach ihrem Gemahl den Ballsaal betreten können. Franz Ferdinand, den die Erhebung seiner Gattin zur Fürstin mehr verärgert als gefreut hatte, verlangte eine Rangerhöhung seiner Frau. Aber es blieb ihm nichts anderes übrig als sich dem Willen des Kaisers zu beugen und so tat er, was von ihm verlangt wurde. Später verstand er es, den jährlichen Winterurlaub in St. Moritz immer zur Ballsaison anzutreten.
Diese Handlungsweisen sind nur aus der Sicht der damaligen Zeit zu verstehen. In der Monarchie waren dem Einzelnen

durch Geburt ein genauer Platz in der Hierarchie und ebenfalls ein im Großen und Ganzen vorgezeichneter Lebensweg zugeteilt. Aus gutem Grund kannte das 19. Jahrhundert den Begriff Selbstverwirklichung nicht, denn das Individuum war weniger wichtig als das Kollektiv, die Familie im engeren Sinne, die Gesellschaftsschicht im weiteren. Selbst die Spanne des eigenen Lebens war nicht so wichtig. Viele Privilegien erwarb man sich über Jahrhunderte. Für die Zulassung am Wiener Hof musste man die Abstammung von 16 adelig geborenen Ahnen nachweisen, das bedeutete standesgemäße Heiraten über mindestens vier Generationen auf beiden Seiten der Familie. Nur mit der Hofwürde konnte man eines der zahlreichen Hofämter erlangen oder an den Festivitäten des Kaiserhauses überhaupt teilnehmen.

Scherte man als Adeliger aus und heiratete dann eine simple Bürgerliche ohne eigene adeligen Vorfahren, »zerstörte« man in gewisser Weise das Leben seiner Nachkommen, da diese niemals in den Genuss der Hoffähigkeit kommen konnten und ein damals als erstrebenswert betrachtetes Leben unmöglich war, ganz zu schweigen davon, dass die Nachkommen aus denselben Gründen keine passenden Ehegatten finden würden. Ein solches Problem hatte Sophies entfernte Kinsky-Verwandte, die spätere Nobelpreisträgerin Bertha von Suttner, die aufgrund ihrer bürgerlichen Mutter vom gesellschaftlichen Leben der Wiener Komtessen ausgeschlossen war.

Kein Wunder, dass die Erfüllung des Lebensglücks als eine höchst egoistische Entscheidung empfunden wurde. Eine Ehe mit einer niedriger gestellten Person hatte Konsequenzen für die Zukunft, nicht nur die eigene, sondern auch die der nachfolgenden Generationen und war daher absolut inakzeptabel. Und wenn man es doch trotz aller dieser Nachteile glaubte tun zu müssen, hatte man sich gefälligst freiwillig komplett und bedingungslos zurückzuziehen. Wer darauf bestand alles zu haben und auf nichts zu verzichten, musste mit schweren Konsequenzen rechnen und nicht nur im Allerhöchsten Erzhaus, sondern auch im Hochadel allgemein.

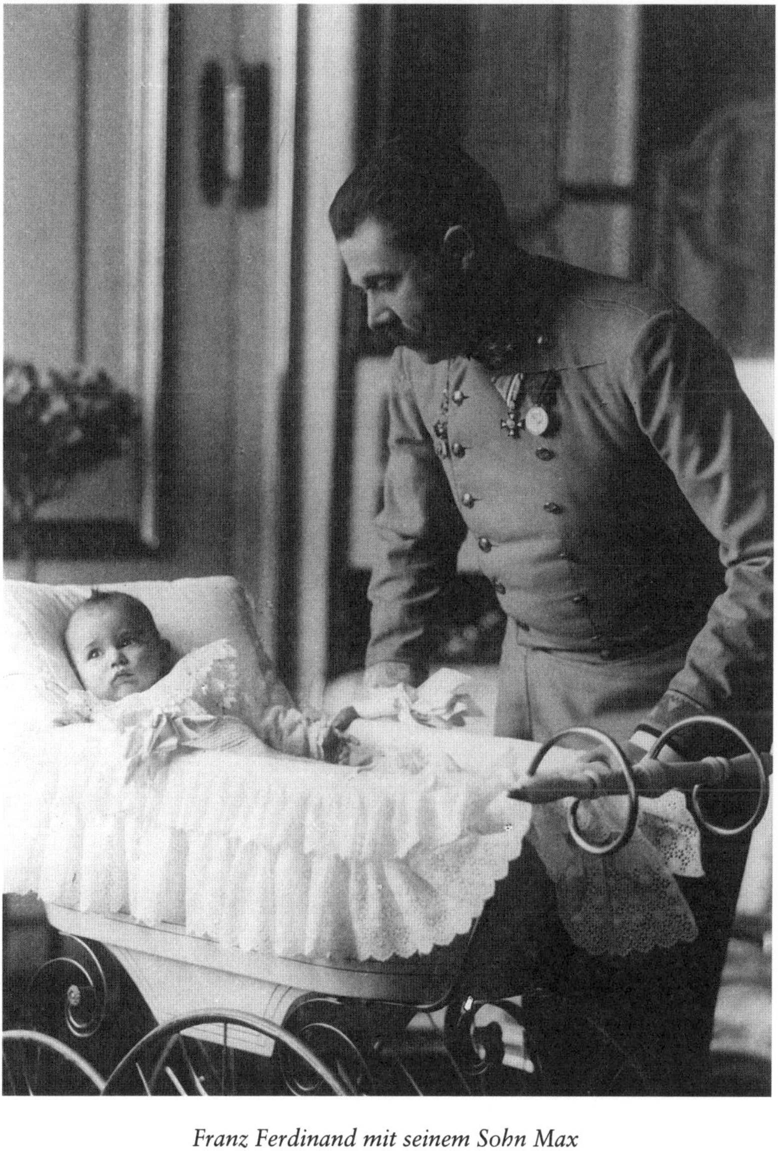

Franz Ferdinand mit seinem Sohn Max

Dies hatte auch eine Begebenheit beim Hofball in Budapest im ausgehenden 19. Jahrhundert gezeigt. Auf diesem Ball erschien das Grafenpaar Festetics, über das lebhaft geklatscht wurde, da die jetzige Gräfin Festetics nicht nur bürgerlich, sondern auch noch eine geschiedene Frau gewesen war. Daher drehten alle hochgeborenen Damen der »bürgerlichen Gräfin« bei deren Eintritt den Rücken zu, bis die Arme verlassen dastand. Der Obersthofmeister des Kaisers bemerkte die Aufregung und bat den Grafen Festetics den Saal zu verlassen. Aber Graf Festetics zeigte seine Einladung und bestand darauf, rechtmäßig auf dem Ball erschienen zu sein. Nein, nein, wurde ihm erwidert, das sei ein Fehler, eine bedauerliche Namensgleichheit. Damit war der Graf gezwungen, seiner Gemahlin den Arm zu bieten und sie fortzuführen. Das Ganze war aber ein so ungeheurer Skandal, dass sich der Kaiser am nächsten Tag für den Vorfall entschuldigen musste. Nichtsdestotrotz blieb das Ehepaar Festetics von vielen ähnlichen Veranstaltungen ausgeschlossen, schon weil viele fürchteten durch deren Einladung Unmut bei anderen Eingeladenen zu erregen. Es war also nicht nur im Erzhaus, sondern auch im höheren Adel ein Skandal, wenn man sein Recht auf Lebensglück einforderte.
In der Umgebung der Fürstin Hohenberg scheint mehr Toleranz an den Tag gelegt worden zu sein. Sophies eigener Bruder Wolfgang hatte keine Komtess oder Baroness, sondern eine untitulierte Adelige, die Wienerin Anna von Künnell auf Nedamov geheiratet, ohne dass ihm die Familie deshalb Vorwürfe gemacht hätte. Als Sophies Freundin Gräfin Helene Taaffe, Tochter des ehemaligen österreichischen Ministerpräsidenten, vor der Frage steht, ihren adeligen Mann für einen jüdischen bürgerlichen Arzt zu verlassen, ist ihr Rat eindeutig. »Folgen Sie dem Ruf Ihres Herzens!«, empfiehlt sie. Gegen die zu erwartende Aufregung, die diese Verbindung in Adelskreisen auslösen wird, schreibt sie: »Eine Gräfin Taaffe steht so hoch, dass sie sich um Vorurteile nicht zu kümmern braucht ...«

Familiengründung

Den Sommer 1901 verbringt das Thronfolgerehepaar in Konopischt in Böhmen und bereitet sich auf die Geburt des ersten gemeinsamen Kindes vor. Trotz der vielen Enttäuschungen, die sie in dem Jahr, das seit ihrer Hochzeit vergangen ist, mitmachen mussten, geht es beiden gut. »Ich fühle mich wie der Fisch im Wasser und die Ehe schlägt mir famos an«, berichtet Franz Ferdinand seinem Arzt Eisenmenger. »Meine Frau, die in einigen Tagen niederkommen dürfte, befindet sich sehr gut.«[125] Am 24. Juli 1901 kommt nach langer, schwerer Geburt eine Tochter zur Welt. Franz Ferdinand trägt das Neugeborene nach der Geburt sofort aus dem Zimmer, um es zuallererst seinem Kammerherrn Franz Janaczek zu zeigen. »Gott Lob ist alles glücklich vorbei, obgleich die Entbindung eine sehr schwere war«, schreibt Franz Ferdinand an Eisenmenger vom Bett seiner Frau. »Aber Dr. Lott hat seine Sache vorzüglich gemacht, und nun haben wir eine Riesenfreude über unsere Kleine, die ein reizendes, sehr kräftiges Kind ist.«[126] Das Mädchen wird nach ihrer Mutter auf den Namen Sophie getauft, ihre Eltern sollten sie aber schon bald nur noch »Pinki« rufen.

Dass das erste Kind »nur« ein Mädchen war, enttäuschte die neuen Eltern keineswegs. Söhne würden sich schon noch einstellen, denn beide hatten vor, eine sehr große Familie mit vielen Hohenbergs zu gründen. Sophies Schwestern hatten es ihr vorgemacht: ihre sechs verheirateten Schwestern schenkten in ihren Ehen insgesamt 28 Töchtern und Söhnen das Leben, am meisten ihre Schwester Gräfin Oktavia Schönburg-Glauchau, die neun Kinder gebar. Nur 14 Monate nach der Geburt der kleinen Prinzessin Sophie wurde im September 1902 der erste Sohn Maximilian geboren. Im Jahr 1903 war Sophie wieder schwanger, hatte aber eine Fehlgeburt. Im Jahre 1906 kam ein weiterer Sohn zur Welt, der auf den Namen Ernst getauft wurde.

Mit einer Tochter und zwei Söhnen war das ersehnte Familienglück nun vorerst perfekt. »Pinki ist zum Fressen herzig, Maxi ist ein gescheiter köstlicher Bub und Ernstl ist so brav und wird eine beauté«, schreibt Franz Ferdinand an seine Stiefmutter. Auch nach vier Jahren scheint keine Wolke das private Glück zu verdunkeln. »Du weißt nicht, liebe Mama, wie ich glücklich bin mit der Meinen und wie ich dem lieben Gott nicht genug danken kann für all mein Glück! Und nach dem lieben Gott muss ich gleich dir danken, da du mir ja in Allem zu meinem Glück verholfen hast.« Seine Eheschließung bereut er nicht, im Gegenteil. »Das Allergescheiteste was ich je in meinem Leben gemacht habe, war, dass ich meine Soph geheiratet habe: sie ist für mich Alles, meine Frau, meine Rathgeberin, mein Doktor, mein Kamerad, mit einem Wort, mein ganzes Glück. Jetzt nach 4 Jahren lieben wir uns wie am ersten Tag unserer Ehe und nicht eine Sekunde war unser Glück getrübt.«[127]

Das Familienleben des Erzherzogs darf man sich folgendermaßen vorstellen: »Und unsere Kinder. Sie machen meine ganze Wonne und meinen Stolz aus. Den ganzen Tag sitze ich bei ihnen und bewundere sie, weil ich sie gar so lieb hab. Und die Abende zu Hause, wenn ich meine Zigarre rauche und Zeitungen lese und Soph strickt: die Kinder kugeln herum und werfen alles von den Tischen herunter, das ist gar so köstlich und gemütlich!«[128] Es klingt fast zu gut, um wahr zu sein, aber es entsprach der Wahrheit. Selbst die größten und erbittertsten Feinde des Erzherzogs mussten einräumen, dass es eine außergewöhnlich glückliche Ehe war. Erzherzog Leopold aus der Toskana-Linie, dessen Verhältnis zu seinem Vetter Erzherzog Franz Ferdinand alles andere als freundschaftlich war, sagte über die Ehe des Thronfolgers, dass sie »beiden nur zum Segen gereicht und endlich zwei Menschen zusammenführt (hat), die sich ergänzt haben, um eins zu sein«.[129]

Die Erziehung der Hohenbergkinder gestaltete sich völlig ohne Hofzeremoniell. Die Kinder hatten keinen eigenen Hofstaat, es gab keine Kinderkammer und abends wurden sie von ihrer Mutter persönlich ins Bett gebracht. Auf gutes Benehmen wurde großen Wert gelegt. Die Kinder wurden dazu angehalten selbst der Dienerschaft für jeden geleisteten Dienst zu danken. Sie waren höflich, freundlich und teilten mit anderen Kindern

bereitwillig. Die Wohlerzogenheit der Kinder war ein Faktor, der die kaiserliche Familie, fast wider Willen, für den Thronfolger einnahm. Von ihrer untergeordneten Stellung im Erzhaus war hin und wieder etwas zu spüren, so waren die Kinder bei Kindergesellschaften oft merkwürdig platziert, wie Franz Ferdinands Tochter Sophie dem Biografen Weißensteiner mitgeteilt hat. Obwohl sie eigentlich außerhalb des Erzhauses standen, scheinen die Kinder aber dennoch mehr oder weniger in das Kaiserhaus integriert worden zu sein. Beim 70-jährigen Thronjubiläum des Kaisers nahmen die Hohenbergschen Kinder an den Feierlichkeiten teil und auf der offiziellen Fotografie erscheinen sie inmitten vieler anderer »Allerhöchsten Herrschaften«, obwohl sie das laut Renunziationserklärung nicht waren.
Der katholische Glaube spielte im Haus des Erzherzogs eine große Rolle, wobei die Fürstin ihre Frömmigkeit eifriger betrieb als ihr Ehemann. Der Thronfolger sagte einmal, dass ihm seine Frau das religiöse Leben beigebracht hatte. Sie vermittelten den starken Glauben auch an ihre Kinder. Jeden Morgen baten die Kinder um den Segen der Eltern, diese machten jedem das Kreuzzeichen auf die Stirn, Mund und Brust. Sonntag wurde in die Kirche gegangen, Morgen- und Abendgebet war tägliche Aufgabe. Die Hoffnung auf einen gemeinsamen Papstbesuch mit den Kindern sollte sich allerdings nicht erfüllen. Die Fürstin ging jeden Samstag zur Beichte und mehrere Male wöchentlich zur Kommunion. Ihre strenge religiöse Auffassung war ein beitragender Faktor zum Bruch mit einem Geistlichen, den die Familie beschäftigte.

Rangerhöhung und familiäres Tauwetter

Auf fortgesetztes Drängen des Erzherzogs und vielleicht auch, weil die Qualität der Ehe die größten Skeptiker überzeugt hatte, wurde der Fürstin von Hohenberg per Circular vom 21. Juli 1905 das Prädikat »Durchlaucht« verliehen. Sie erhielt außerdem »den Rang vor der mit den Funktionen einer Obersthofmeisterin betrauten Palastdame.« Dies war ein wichtiger Schritt für Sophie, der sie in der Rangordnung einige Stufen nach oben beförderte. Sie blieb aber weiterhin hinter allen Erzherzoginnen.
Das Jahr 1906 endete mit dem Tod Erzherzog Ottos, der an einer Geschlechtskrankheit starb. Obwohl er von seinem Bruder entfremdet geblieben war, empfand der Thronfolger Trauer. »... Sie können sich denken was ich durchgemacht u. empfunden habe«, schreibt Erzherzog Franz Ferdinand an einen Freund, »da Sie wissen wie sehr wir früher aneinander gehangen sind u. wie wir die ganze Kinder und Jugendzeit zusammen verbracht haben. ... Der arme Otto hat das letzte Jahr so entsetzlich gelitten u. sein Ableben war eine wahre Erlösung für ihn. ... Gott gibt ihm die ewige Ruhe.« Die ganze Aufmerksamkeit des Thronfolgers konzentriert sich auf dessen ehelich geborene Söhne, von denen der älteste, Erzherzog Karl Franz Joseph, Österreichs letzter Kaiser sein wird. »Ich habe eine schwere Aufgabe jetzt übernommen, nämlich die Vormundschaft der beiden Söhne. Es wird mir diese Aufgabe nicht leicht gemacht, aber ich werde mein ganzes Können einsetzen, um sie zu guten Christen, Österreichern u. Habsburgern zu erziehen ...«[130]
Es schien langsam, aber sicher auch ein Umdenkprozess in der Familie Habsburg einzusetzen. Ab 1907 schreibt Erzherzog Friedrich wieder an Franz Ferdinand. Es geht zwar um eine politische Angelegenheit, aber der freundliche Ton des Briefes ist unverkennbar. Erzherzog Friedrich vergisst nicht den Brief mit einem Gruß an seine Frau zu schließen. »Ich danke sehr deiner Frau für die so freundlichen Grüße, die ich herzlichst erwidere.«[131]
Die beginnende Akzeptanz kennt dennoch ziemlich klare Gren-

Stellung der Fürstin von Hohenberg am Wiener Hofe

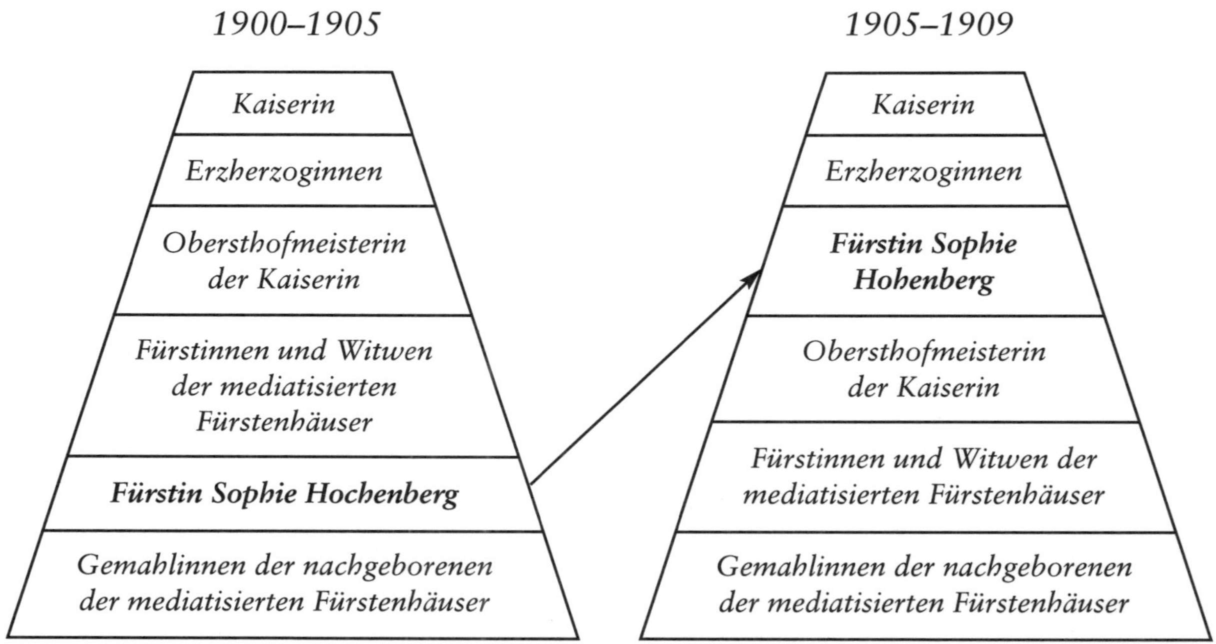

zen. Im Sommer 1908 diskutiert der Thronfolger mit einer Reihe von Beratern auf seiner Salzburger Residenz Blühnbach die politische Situation. Der Generalstabschef Conrad von Hötzendorf spricht sich für die Annexion Bosnien-Herzegovinas aus um zu verhindern, dass die jungtürkische Bewegung auf dieses Gebiet übergreift und zu revolutionären Erhebungen führt. Erzherzog Franz Ferdinand ist strikt dagegen, kann aber seinen Standpunkt nicht durchsetzen. Auf einmal erhebt er sich und sagt: »Diese Dinge kann man von verschiedenen Gesichtspunkten aus sehen, warten Sie, ich schicke Ihnen meine Frau.« Nach einigen Minuten betritt die Fürstin das Zimmer und vertritt die Anschauung des Gemahls, wobei sie aber eine andere Argumentationslinie wählt. »Aus ihr sprach die Familienmutter, die um ihren Gatten und ihre Kinder bangt. Den Argumenten der Soldaten wurden die Argumente der Menschlichkeit und fraulichen Erbarmens um die Opfer des Krieges entgegengestellt«, beschrieb ein Beobachter die Szene. Tatsächlich war die Fürstin so überzeugend, dass es der Männerrunde unbehaglich wurde. Wohl stellvertretend für alle Teilnehmer sagte schließlich Generalstabsoffizier Alexander von Brosch-Aarenau bestimmt: »In militärischen Entscheidungen sollten sich Damen nicht einmischen.« Sophie brach das Gespräch daraufhin sofort ab und verließ das Zimmer. Nach einigen Minuten erschien der Erzherzog und befahl Brosch sofort nach Wien zurückzukehren. Er tat es und bot dem Thronfolger brieflich seinen Rücktritt an. Die Sache wurde aber friedlich beigelegt.[132]

Auch wenn sich die Einstellung des Kaiserhauses zur Ehe des Thronfolgers entspannt zu haben schien, gab es immer noch Intrigen, die dem Thronfolger das Leben schwer machten. Im August 1908 erfährt Franz Ferdinand zufällig, dass der Besuch des spanischen Königspaars in der Donaumonarchie für ihn überraschend nach Budapest, ganz nahe der Heimat der Erzherzogin Isabella und des Erzherzogs Friedrich, verlegt worden ist. Ob dies etwa mit dem Besuch der Erzherzogin Isabella in Ischl zu tun habe, fragt er beim zweiten Obersthofmeister Fürst Alfred Montenuovo an. Das Dementi des Fürsten kommt prompt. Der

Plan, den Besuch der spanischen Herrschaften nach Budapest zu verschieben, steht »in gar keinem Zusammenhang mit dem Besuche der Frau Erzherzogin Isabella in Ischl«. Seines, Montenuovos, Wissens habe »gar keine Intervention in dieser Sache stattgefunden«. Im Gegenteil. »Schon im Juli als ich in Ischl war und der Besuch der spanischen Majestäten besprochen wurde, äußerten Sich Seine Majestät in diesem Sinne.«[133] Es folgt eine wortreiche Beschreibung, warum und wieso es besser ist die spanischen Gäste in Ungarn zu empfangen und ein Hinweis darauf, dass das rumänische Königspaar und sogar Kaiser Wilhelm ebenfalls in Budapest empfangen worden seien. Ob es stimmt oder nicht – die Länge des Briefes und die umständlichen Erklärungen, die für die Verlegung des Besuchs geliefert werden, lassen darauf schließen, dass es entgegen der im Brief geäußerten Ansicht keineswegs die logische Konsequenz war, einen ausländischen Besuch in Ungarn zu empfangen.

Kurze Zeit nach dem Besuch wurde der diensteifrige Montenuovo zum ersten Obersthofmeister befördert. Der Erzherzog gratuliert und schickt ein Geschenk, für das Montenuovo sich in einem langen Brief höflich bedankt. Diese Beförderung sollte das Leben des Thronfolgerehepaares nicht gerade leichter machen.

Neben diesen beruflichen Problemen plagen Franz Ferdinand und Sophie auch ernste familiäre Sorgen. Im November 1908 bringt Sophie einen Buben tot zur Welt. Die Ärzte warnen Sophie vor weiteren Schwangerschaften, da diese auch ihr Leben in Gefahr bringen könnten. Sie sind beide tief getroffen, besonders Sophie, die sich trotz ihres fortgeschrittenen Alters von 40 Jahren noch viel mehr Kinder gewünscht hatte. Drei Kinder mögen in der heutigen Gesellschaft als reichhaltiger Kindersegen anmuten, aber damals war es wenig, eher eine Klein- als eine von beiden Ehepartnern ersehnte Großfamilie. Es stellt sich auch zu diesem Zeitpunkt das erste Mal die Frage, wo der Erzherzog und seine Hohenbergs die letzte Ruhe finden sollten. Man entscheidet sich für das Schloss Artstetten in Niederösterreich, das Franz Ferdinand von seinem Vater geerbt hatte und

wo Franz Ferdinand im Bauch der Mutter den Sommer vor seiner Geburt verbracht hatte. Unter der Kapelle im Schloss wird deshalb eine Gruft errichtet.
Nachdem sie fertig gestellt ist, sagt Franz Ferdinand zu seinem Bediensteten Janaczek: »Sie ist luftig und licht, wie ich's gern habe. Nur der Eingang ist nicht gut angelegt. Er macht eine zu scharfe Wendung. Die ungeschickten Leichenträger werden mit dem Sarg eine Ecke abstoßen. Dann aber werde ich mich im Sarg umdrehen.«[134]

Einladung nach Rumänien

Königin Elisabeth von Rumänien lädt als erstes gekröntes Haupt die Fürstin Sophie offiziell an der Seite des Thronfolgers nach Sinaia, der Sommerresidenz der königlichen Familie ein. König Karol von Rumänien war ein Freund des Erzherzogs Franz Ferdinand und seine Gemahlin, die sich unter dem Namen »Carmen Sylva« als Schriftstellerin betätigte, galt als moderne, romantisch veranlagte Frau, die die Geschichte der Fürstin rührte. Das Thronfolgerehepaar nahm die Einladung gerne an, die Reise musste aber vom Kaiser genehmigt werden, obwohl von Franz Ferdinand abgesehen keines seiner Familienmitglieder ein Mitglied des Allerhöchsten Erzhauses war. Da eine Einladung vorlag, konnte er schlecht ablehnen und stimmte der Reise zu. Das Thronfolgerehepaar reiste also im Juni nach Beendigung einer dalmatinischen Küstenfahrt über Wien und Budapest nach Rumänien.
An der Grenzstation Predeal wurden beide durch das rumänische Thronfolgerpaar hochoffiziell mit Gefolge und Ehrendienst empfangen. Gemeinsam legten sie den letzten Teil der Reise bis zu dem herrlich gelegenen Gebirgsort Sinaia zurück. Dort warteten König und Königin schon auf die Gäste und fuhren mit ihnen und dem imposanten Zug des Gefolges zum königlichen Sommerschloss Pelesch, einem, wie es Franz Ferdinands Privatsekretär beschreibt, »märchenhaft ausgestatteten Feenpalast,

Die Familie im Winterurlaub in St. Moritz

der gleichwohl mit der unvergleichlichen Wald- und Gebirgslandschaft völlig organisch verwachsen scheint«.[135]
Hier verlebten Franz Ferdinand und Sophie wunderbare Tage. Es war eine Art zweite Hochzeitsreise, eine Privatreise mit offiziellem Charakter, bei der das Paar endlich die gemeinsame Anerkennung fand, nach der es sich so lange gesehnt hatte. Am rumänischen Hof war das Leben ungezwungener als in Wien. Dort war jede Familie zugelassen, die sich eines untadeligen Leumundes erfreute und deren Oberhaupt eine geachtete Position einnahm. Adel war keine Voraussetzung und schon gar nicht, wie in Wien üblich, eine Ahnenprobe mit 16 adelig geborenen Vorfahren.
Die Reise war ein voller Erfolg. »Ich kann Ihnen, hochverehrter Baron«, schreibt Brosch an Chlumecky, »daher nur sagen, dass der Erzherzog, Fürstin und die ganze Suite mit Auszeichnungen überschüttet wurden, dass eine so unvergleichliche Herzlichkeit geherrscht hat, wie man sie sich inniger nicht vorstellen kann, und dass mein höchster Herr und die Fürstin noch heute von gar nichts anderem reden, als von dem schönen Empfang und Aufenthalt in Sinaia.«[136] Berichte von etwaigen Belästigungen werden stark zurückgewiesen. »Es war nicht die geringste Störung (die Berichte über Fahnenverunglimpfung sind gänzlich erfunden)«, schrieb Brosch, der Erzherzog wurde vielmehr »mit größtem Jubel und der ›deutsch‹ gesungenen Volkshymne begrüßt, was ihm natürlich die allergrößte Freude machte.«[137]
So viel Erfolg rief in Wien die Neider auf den Plan. Freiherr Albert Margutti, ein Kritiker der Fürstin, meinte anders lautende Berichte über die Reise vernommen zu haben. »So wurde mir, in beinahe offizieller Form bekannt, dass die gegenwärtige Königin von Rumänien in einer geradezu ostentativen Weise zu verstehen gab, es sei denn doch ein gewaltiger Unterschied zwischen der morganatischen und der ebenbürtigen Gemahlin eines Thronfolgers, zumal wenn letztere vom englischen und russischen Herrscherhause direkt abstammt. Dieses Abtrumpfen konnte sich die damalige Prinzessin Marie beim besten Willen

nicht versagen.«[138] Neben der Festigung der persönlichen Beziehungen hatte der Besuch auch erfreuliche politische Folgen, da es zu einer Annäherung Rumäniens an die Donaumonarchie kam.

Der Erfolg des Paares im Ausland hatte zur Folge, dass die Fürstin gemeinsam mit ihrem Ehemann zur Jahrhundertfeier des Tiroler Freiheitskampfes miteingeladen wurde. Doch der Kaiser schiebt dem schnell einen Riegel vor. Er betrachte die Einladung »als eine natürliche Selbstverständlichkeit des Tyroler Landeskomitees«, ist »aber der Meinung, dass die Fürstin zu dieser ganz offiziellen Feier nicht kommen sollte. Es ist, wie du ja weißt, prinzipiell feststehend, dass deine Frau in unseren Familienkreis gehört, und ich sehe sie mit großer Freude im engen verwandtschaftlichen Verkehr mit uns, aber bei offiziellen Gelegenheiten ist die Anwesenheit der Fürstin mit den Zeremoniellvorschriften schwer vereinbar.«[139]

Für diesen Rückschlag wird das Paar jedoch im Oktober 1909 entschädigt, als der Kaiser die Fürstin zur Herzogin erhebt und ihr das Prädikat »Hoheit« erteilt. Der Thronfolger war zufrieden. »Stellen Sie sich vor«, verkündete der Thronfolger seinem Privatsekretär Paul Nikitsch-Boulles, »Seine Majestät haben die große Gnade gehabt, die Frau Fürstin zur Herzogin mit dem Titel ›Hoheit‹ zu ernennen und ihr den Rang unmittelbar nach den Erzherzoginnen zu verleihen. Ist das nicht eine freudige Nachricht für uns alle? Sie sind der Erste, dem ich es sage, gehen Sie dann gleich hinein, Ihrer Hoheit zu gratulieren.«[140] Die Botschaft wird sofort telefonisch nach Wien gemeldet und bereits in den ersten Morgenstunden kommen die ersten Glückwunschdepeschen zurück.

Unterdessen wurde ein weiterer Auslandsbesuch vorbereitet. Der Thronfolger besuchte mit Sophie Berlin, wo diese mit den Ehren einer Kaisergemahlin empfangen wurde. Sein ohnehin schon freundschaftliches Verhältnis zum deutschen Kaiser wurde noch besser. Seit seiner Heirat machte Franz Ferdinand seine Haltung gegenüber Personen davon abhängig, wie sie zu seiner Frau standen. Leute, die seine Frau ablehnten oder von denen er

nur vermutete, sie ständen aus irgendwelchen Gründen seiner Frau negativ gegenüber, schnitt er kompromisslos. Mit seiner Bekannten Gräfin Nora Fugger, mit der er zur Zeit seiner Krankheit eine lebhafte Korrespondenz unterhalten hatte, schränkte er seinen Umgang nach seiner Heirat stark ein, da er gehört hatte, dass Gräfin Fugger seine Heirat nicht befürwortete. Auch Fuggers Einwand, dass sie nichts gegen die Person von Sophie hatte, sondern sich, wie so viele in des Thronfolgers Umgebung, um den Weiterbestand der Monarchie sorgte, tat wenig hinzu, um das alte vertraute Verhältnis wiederherzustellen. Der deutsche Kaiser hatte sich also mit einer einfachen Geste den Zugang zum Herzen des Thronfolgers verschafft. Kaiser Wilhelms Frau Königin Viktoria verhielt sich nicht so entgegenkommend wie ihr Mann. Sie empfing die Herzogin nicht am Anhalterbahnhof, sondern schickte ihre jüngste Schwiegertochter. Erst eine Stunde später gewährte sie der Herzogin eine Audienz. Wieder einmal zeigte sich, dass Frauen, so wie am Wiener Hof, oft größere Gegner dieser Verbindung waren als Männer.
Am 6. Mai 1910 starb König Eduard VII., den englische Biografen liebevoll als »Onkel von Europa« bezeichnen. Da es sich nur um entfernte Verwandtschaft handelte, bat der Kaiser seinen Neffen ihn bei den Trauerfeierlichkeiten zu vertreten. Der Thronfolger sagte zu, wollte diese Reise aber mit seiner Frau machen. Sie sollte nach dem »offiziellen Teil« nach London reisen, und gemeinsam wollten sie danach als Privatpersonen Großbritannien und Nordirland besuchen, dort Gärten besichtigen, Sophies Verwandte und einige englische Adelige aufsuchen. In der österreich-ungarischen Botschaft in London löste das Vorhaben des Thronfolgers keine Begeisterung aus. Man fürchtete, dass die Verbindung eines Trauerbesuches mit einer Vergnügungsreise den Gastgeber beleidigen könnte. Graf Karl Kinsky, ein entfernter Vetter Sophies, der an der Botschaft in London arbeitete und großes Ansehen in der besseren englischen Gesellschaft genoss, war besonders besorgt. »Ich habe noch immer die Hoffnung, dass er sich diesen Juxausflug mit Sopherl, den er mit seiner Trauermission in Verbindung bringt,

aufgibt«, sagte er in einem Gespräch mit dem österreichisch-ungarischen Botschafter Albert Mensdorff-Pouilly, »tut er es aber nicht nun dann müssen wir eben was haben für ihn und trachten es so wenig taktlos als möglich unter den Umständen erscheinen zu lassen«.[141]

Doch von Aufgeben war keine Rede. Der Thronfolger, der vielleicht fürchtete, dass es sich bei den Bedenken der Botschaft um eine Brüskierung oder Schikane des Hofes handeln könnte, hielt nur umso starrsinniger daran fest. Er beschwor Botschafter Mensdorff-Pouilly, der sowohl mit der Herzogin von Hohenberg als auch mit der britischen Königsfamilie verwandt war, in seinem Sinne beim britischen König zu intervenieren. Mensdorff tat, was er konnte, aber war nicht erfolgreich. Er wurde sogar vom Staatssekretär im Außenministerium, Sir Charles Hardinge, ins Foreign Office zitiert, nur um sich anhören zu müssen, dass König George über die Nachricht, dass die Herzogin von Hohenberg Seine Kaiserliche Hoheit begleiten wird, sehr »perturbiert« sei.[142] Dem Botschafter wurde weiterhin bedeutet, dass ein Besuch der Herzogin von Hohenberg, selbst wenn er inoffiziell sei, den König in größte Verlegenheit bringen könnte. Es war anderen europäischen Prinzessinnen nämlich untersagt worden, an den Trauerfeiern teilzunehmen, sofern sie nicht zum allerengsten Verwandtschaftskreis gehörten. Die Anwesenheit der Gemahlin des österreichischen Thronfolgers hätte damit Probleme auslösen können. »Selbst wenn er auch nur inoffiziell von einem Inkognito Aufenthalte der Herzogin erführe, befände sich der König in der schwierigen Lage, entweder Ihrer Hoheit gegenüber unhöflich zu erscheinen, oder den Prinzessinnen gegenüber, deren Besuch er ablehnte«. Franz Ferdinand fuhr daraufhin zähneknirschend alleine zur Beerdigung, doch die Reise war alles andere als ereignislos.

Bereits die Abreise begann mit einem Zwischenfall. Der Zug, mit dem Franz Ferdinand nach England fahren sollte, kam in Wien mit dem bulgarischen König an, der seinen Wagen schon ganz vorne angehängt hatte. Franz Ferdinand bestand darauf, dass er, als Thronfolger des Hauses Habsburg, das Recht hatte, dass sein Wagen und nicht der des bulgarischen Königs der erste war. Die Folge wurde geändert, sehr zum Ärger des bulgarischen Königs. Franz Ferdinand war mit sich zufrieden, aber nur bis zu dem Zeitpunkt, als er Hunger bekam und den Speisewagen aufsuchen wollte. Dazu musste er den Waggon des bulgarischen Königs durchqueren. Vorsichtig ließ er deshalb anfragen, ob sein Transit gestattet würde, was der immer noch ärgerliche König natürlich entrüstet ablehnte. Es blieb dem Erzherzog also nichts anderes übrig, als bis zum nächsten Halt des Zuges zu warten und am Bahnhof schnell am Wagen des bulgarischen Königs vorbeizulaufen, um rechtzeitig vor der Weiterreise des Zuges zum Speisewagen zu gelangen. Nach dem Essen wartete er wieder die nächste Station ab, um wieder in seinen Wagen zurückzukehren. Den Aufenthalt in England selber genoss der Thronfolger keineswegs. Ein sehr langer Bericht lässt an diesem Land und dessen Monarchie kein gutes Haar. Nicht auszudenken, dass er bald schon wieder für die Krönung des Nachfolgers nach England reisen sollte.

Kräftemessen mit Montenuovo

Die Krönung des Nachfolgers des verstorbenen britischen Königs war für den 17. Juni anberaumt. Der Machtkampf zwischen Fürst Montenuovo und Erzherzog Franz Ferdinand ging damit in eine neue Runde. Gemessen an den Schwierigkeiten, die die letzte Reise nach England ausgelöst hatte, versuchte der diensteifrige Obersthofmeister dem Erzherzog die Reise auszureden. Er wusste, dass Franz Ferdinand kein ausgesprochener Englandfreund war und dass er sich nur schwer mit der nachgeordneten Stellung, die er am englischen Königshaus bei offiziellen Anlässen einnahm, abfinden konnte. Montenuovo schrieb dem Thronfolger also: »Nachdem der Sejour somit volle zehn Tage dauern wird und Seine Majestät (SM.) unbedingt wünschen, dass allerhöchstsein Vertreter den ganzen Sejour mitmachen und das Programm voll absolvieren, haben Seine Majestät Bedenken, Eurer Hoheit so ohne weiteres eine so langwierige Vertretung zuzumuten, wollen aber auch andrerseits nicht einen anderen höchsten Herrn dirigieren, falls Eure Hoheit den Wunsch hätten, höchstpersönlich die Feierlichkeiten mitzumachen. Auch wollen SM. keineswegs Druck auf Eure Hoheit (aus)üben, da SM. kein ausschließliches Gewicht darauf legen, dass gerade Eure Hoheit diese Vertretung durchführen.«[143]

So leicht wollte Franz Ferdinand sich nicht abschieben lassen. Er bat daher Montenuovo ihm das ausführliche Programm der Krönungsfeierlichkeiten zukommen zu lassen, er würde dann seine Entscheidung fällen. Montenuovo muss daraufhin zugeben, dass er noch keine Einzelheiten kannte, aber dennoch bereits wusste, »dass der Aufenthalt strapaziös sein werde«. Zugleich drängt er den Erzherzog zu einer Antwort: »Euer kaiserliche Hoheit sollen mir gnädigst nach Durchsicht des ... Programms ein kurzes Ja oder Nein zu telegrafieren. Ich werde dies schon verstehen und in der Lage sein, Seine Majestät die allerhöchste Meldung zu machen.«[144] Doch der Thronfolger lässt sich nicht die Pistole auf die Brust setzen. Sein Obersthofmeister Rumerskirch ersucht telegrafisch um Übersendung des Programms. Dies zieht einen langen Brief Montenuovo nach sich, in dem er Spekulationen zurückweist, »als ob ich aus irgendeinem Grund Eurer Hoheit den Bericht nicht zusenden wollte«. Dennoch lenkt er ein und schlägt eine komplizierte Prozedur vor, mit der Franz Ferdinand doch noch die gewünschte Information erhalten soll. »Ich werde den Bericht am Sonntag Seiner Majestät zurückgeben, SM. von den beiden Briefen Eurer Hoheit in Kenntnis setzen als auch von Eurem Wunsch, den Bericht zu erhalten, worauf SM. gewiss Aerenthal den Befehl geben wird, Ihn Eurer Hoheit zu unterbreiten.« Warum nicht gleich so, kann man Franz Ferdinand förmlich sagen hören.

Dennoch sagt Franz Ferdinand die Reise zwei Tage später krankheitsbedingt ab, wobei sich die Frage stellt, ob diese Krankheit nicht eine direkte Folge des Kampfes mit Montenuovo war. Montenuovo sendet jedenfalls einen zuckersüßen Brief mit Genesungswünschen, in dem er hofft, »dass Euer kaiserliche Hoheit wieder vollkommen hergestellt sein mögen«.

Vorbereitungen für den Thronwechsel

Der Kaiser war am 18. August 1910 achtzig Jahre alt geworden. Der Thron schien näher zu rücken, und Franz Ferdinand wollte seine Thronbesteigung keinesfalls unvorbereitet vornehmen. Er begann im Jahr 1910 deshalb mit seinen Beratern in der Militärkanzlei ein Programm für den Thronwechsel zu erarbeiten. Aus diesem Programm, das erst fast zehn Jahre nach seinem Tod veröffentlicht wurde, ist vor allen Dingen interessant, ob der Thronfolger plante, die Renunziationserklärung rückgängig zu machen.

Es war immer wieder gemunkelt worden, besonders mit Hinweis auf den angeblichen »Ehrgeiz« der Herzogin von Hohenberg, dass Franz Ferdinand geplant hätte, seine Frau zur Kaiserin und seinen Sohn Max zum Thronfolger zu machen. »Denn Sophie Hohenberg wird den Erzherzog mit der Zeit doch dazu bringen, seinen Kindern den Weg zum Throne zu ebnen«, versicherte Godfried Marshall, der ehemalige Religionslehrer Franz Ferdinand, einem besonderen »Freund« der Herzogin, Albert Margutti, dessen Schilderung der Herzogin noch heute weitgehend das öffentliche Bild von ihr beherrscht. »Die Aspirationen dieser Frau sind himmelstürmend, und ihre ungewöhnliche Intelligenz wird sie schon die Mittel finden lassen, um dieselben noch zu verwirklichen. Es ist wahrhaftig ein Glück, dass man nicht weiß, was alles in ihrem Kopfe vorgeht; wie sie aber an Hohes denkt, beweist am besten die Tatsache, dass sie fortwährend urbi et orbi behauptet, es sei ihr für die Monarchie eine der bedeutungsvollsten Missionen zugefallen. Sie sagt, gerade ihr persönlich sei eine große Sendung für das Habsburgische Reich zugedacht.«[145]

Gegenbeweise konnten die Gegner zu Lebzeiten nicht überzeugen. Die Renunziationserklärung war vor einem bis auf den

letzten Platz gefüllten Audienzzimmer in der Hofburg abgegeben worden. Alle Erzherzoge sowie ausgewählte Kämmerer und höchste Würdenträger hatten ihr beigewohnt. Die Erklärung war eindeutig und bot keinerlei Schlupflöcher. Mit dem Ablegen des Eides, vor dem Kaiser und vor Gott, hatte sich der Erzherzog verpflichtet, niemals etwas zu unternehmen, um die Erklärung außer Kraft zu setzen. Seine Frau hatte sich in einem separaten Ehevertrag ebenfalls dazu verpflichtet. Es wäre nicht möglich gewesen, dies rückgängig zu machen, ohne eine mittlere bis schwere Krise zu verursachen. Der Erzherzog machte auch niemals Anstalten, seinen Sohn als Thronfolger einzusetzen. Im Gegenteil. Er hatte immer seinen Neffen Erzherzog Karl Franz Joseph als den Thronerben betrachtet. Er ließ ihn bei Manövern als Ordonnanzoffizier einteilen und schlug ihn für Repräsentationsaufgaben vor. Niemals machte Franz Ferdinand eine Andeutung, diese Aufgaben in absehbarer Zeit seinem Sohn zu übertragen. Er wies es sogar zurück. »Die Habsburgerkrone ist eine Dornenkrone«, sagte er, »und niemand, der nicht in sie hineingeboren wurde, soll nach ihr verlangen. Eine Rücknahme der Renunziation wird niemals in Betracht kommen.«[146]
Für seine Kinder hatte er andere Pläne. Sein ältester Sohn Max sollte Offizier werden, für den jüngeren Sohn Ernst hatte er die Laufbahn eines Geistlichen geplant. Bei der Taufe sagt er zu Eisenmenger: »Nicht wahr, er schaut schon jetzt aus wie ein kleiner Bischof.«[147] Seine geliebte Tochter »Pinki« würde natürlich einen österreichischen Adeligen heiraten, wobei er den Tag schon fürchtete, an dem er sie in die Obhut eines anderen Mannes entlassen müsste, wie er Freunden anvertraute.
Das Programm für den Thronwechsel bestätigt dies. Es bezeichnet Erzherzog Karl Franz Joseph als Thronfolger, zumindest so lange, als nicht aus einer ebenbürtigen zweiten Ehe sukzessionsfähige Kinder zur Welt kommen. Franz Ferdinand schloss also die Möglichkeit einer weiteren Eheschließung zumindest nicht ganz aus.
Auch mit der Stellung seiner Frau hatte er keine hochfahrenden Pläne. Er wollte nur das Protokollhickhack ein für allemal klä-

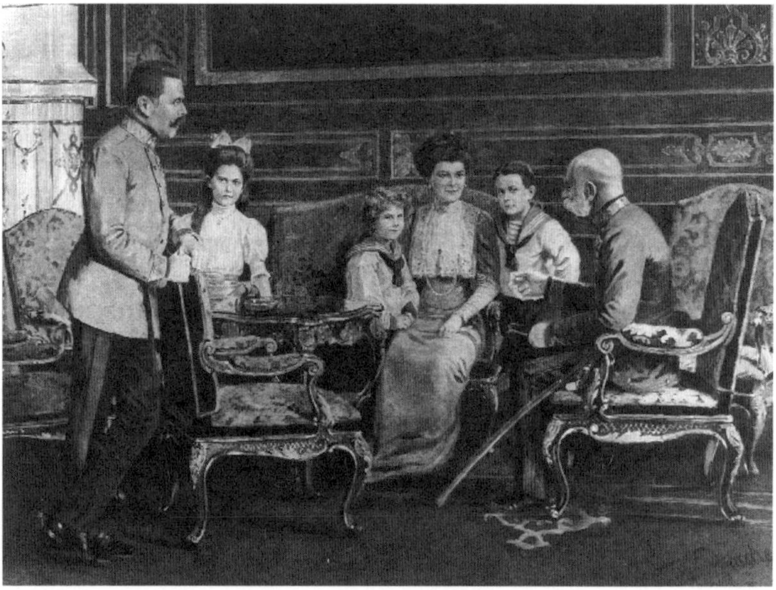

Kaiser Franz Joseph zu Besuch im Schloss Belvedere bei der Familie des Thronfolgers

ren, und zwar unmittelbar an dem Tag, an dem er die Thronfolge antrat. »Die Stellung Ihrer Hoheit am Allerhöchsten Hofe als erste Dame desselben muss am ersten Tage geregelt werden«, bestimmt das Thronwechselprogramm. Er wollte damit vermeiden, dass es schon bei der Trauerfeier zu protokollarischen Zwistigkeiten und langen Diskussionen um die Stellung seiner Frau kam. Franz Ferdinand sah vor, seiner Frau den »Titel und Würde der Kaisers- und Königsgemahlin mit allen aus dieser Stellung hervorgehenden Vorrechten als erste Dame am Allerhöchsten Hofe zu verleihen«. Dabei würde aber der Titel »Herzogin« unverändert bleiben. Sophie würde auch weiterhin das Prädikat »Hoheit« (und nicht »Ihre Majestät« oder zumindest »kaiserliche Hoheit«) tragen. Sie hätte dann wahrscheinlich den Titel »Ihre Hoheit, die Kaiser- und Königsgemahlin, Herzogin von Hohenberg« erhalten. Kein sehr opulenter Titel für die Frau eines Herrschers einer der ältesten Monarchien der Welt. Spätestens hier zeigte sich, dass die »Horrorszenarien« von einer Kaiserin, die als Gräfin geboren worden war, auf Fantasien und nicht auf Fakten beruhten.

Noch eine unstandesgemäße Ehe

Der Sommer 1911 beginnt mit einer guten Nachricht. Graf Franz Thun erhält für seine Leistungen die Fürstenwürde. Da er nur zwei Töchter hat, ist damit klar, dass der Fürstentitel nach dessen Tod auf seinen Bruder Jaroslav übergehen wird. So wird aus Sophies Schwester Maria ebenfalls eine Fürstin werden. Danach teilt Erzherzog Karl Franz Joseph Thronfolger Franz Ferdinand mit, dass er sich mit Prinzessin Zita von Bourbon-Parma verlobt hat. Vor der standesgemäßen Hochzeit gab es aber wieder einen Liebesskandal, ausgerechnet in Franz Ferdinands unmittelbarer Umgebung. Sein einziger noch lebender Bruder, Erzherzog Ferdinand Karl, gibt bekannt, dass er sich schon vor zwei Jahren heimlich mit Fräulein Berta Czuber, der Tochter eines Wiener Universitätsprofessors, vermählt hat.

Ferdinand Karl, der seinem Bruder in der Jugend äußerlich stark ähnelte, hatte sich in der Familie durch seine Intelligenz und sein Talent zum Schauspielen hervorgetan. Bei den Familienaufführungen hatte er immer große Rollen, und angeblich spielte er lange mit dem Gedanken, eine künstlerische Karriere einzuschlagen oder das Burgtheater zu leiten. Bei einem Ball um die Jahrhundertwende hatte er Berta Czuber kennen gelernt und genau wie bei seinem Bruder hatte die Liebe der beiden durch jahrelange Geheimhaltung an Festigkeit gewonnen.
Ferdinand Karl wollte den Kaiser um Erlaubnis bitten und suchte bei seinen noch verbliebenen Familienmitgliedern Unterstützung. Während seine Stiefmutter sich beim Kaiser für ihn einsetzte, versagte sein älterer Bruder ihm den Beistand, was manche in der Umgebung mit Unverständnis betrachteten. Der Thronfolger war doch selbst morganatisch verheiratet, gerade er sollte doch den Plan befürworten. Es gab dennoch aus Franz Ferdinands Perspektive zwei einfache Gründe für diesen Schritt. Der erste, eine Berta Czuber war mit einer Gräfin Sophie Chotek nicht zu vergleichen. Franz Ferdinands Frau war eine Gräfin aus alter Familie, die in engem Umgang mit den Herrscherfamilien Österreichs, Belgiens und Sachsens aufgewachsen war und die in der Welt der Kaiser, Könige und Erzherzoge daheim war. Berta Czuber hingegen war ein Mädel aus dem Volk, zudem noch eine, die eine »Vergangenheit«, gleich Liebhaber, gehabt hatte. Er mochte sie nicht und hatte schon seit langer Zeit befürchtet, dass sein Bruder sie heiraten würde. »Ich fürchte bei Ferdinand immer einen Coup de tête und das wäre schrecklich, denn diese Czuber ist eine abgefeimte Canaille«, schrieb Franz Ferdinand bereits fünf Jahre vor der tatsächlichen Eheschließung an seinen Berater Baron Beck.[148] Weit wichtiger als die Herkunft Czubers dürfte jedoch das Verhalten des Bruders bei seiner, Franz Ferdinands, Eheschließung gewesen sein. Wo war der Bruder gewesen, als er ihn gebraucht hätte, beim Kampf um seine Heirat? Er hatte, wie alle anderen, versucht den Bruder von seiner Hochzeit abzubringen. Und er war trotz vieler Bitten, ebenso wie sein Bruder Otto, der Hochzeit fern geblieben,

um den Kaiser nicht zu verärgern. Jetzt, wo er in einer ähnlichen Situation war, wollte er Hilfe. Nein, Franz Ferdinand zahlte es dem Bruder mit gleicher Münze heim. Er versagte dem Bruder nicht nur die Unterstützung, sondern setzte sich energisch gegen das Wohl seines Bruders ein und setzte sich durch. Ferdinand wird gezwungen das Erzhaus zu verlassen und zieht mit seiner Frau in die Schweiz.
Unterdessen wird die Hochzeit Erzherzog Karls mit Prinzessin Zita vorbereitet. Franz Ferdinand lässt vorsichtig bei Obersthofmeister Montenuovo anfragen, wie die Feierlichkeiten gestaltet werden. Würde es sich nämlich um eine formelle Erzherzogenhochzeit handeln, so könnte er an dieser nicht mit Sophie gemeinsam teilnehmen. Montenuovo beruhigt den Thronfolger. Er wisse zwar noch nicht, wie die Feierlichkeiten genau gestaltet werden, »dass aber eine Spitze gegen Euer kaiserliche Hoheit gerichtet werden könnte, ist vollkommen ausgeschlossen«.[149] Die Hochzeit der beiden hat dann auch den Charakter eines Familienfestes und nicht den eines Staatsaktes. Sophie nimmt mit dem Brautpaar an der Tafel der allerhöchsten Herrschaften teil.
Für den November 1913 erhielt das Ehepaar eine offizielle Einladung des Herzogs von Portland zur Jagd nach Windsor. Als König Georg erfuhr, dass das Thronfolgerpaar nach England reisen würde, bat er es doch einige Tage vorher bei der königlichen Familie zu verbringen. Eine Einladung, die man nicht ablehnen konnte. Am 19. November 1913 erreichten sie den Bahnhof von Windsor, wo sie von König Georg begrüßt worden. Wie damals beim deutschen Kaiser fehlte die Gemahlin auch hier. Sie empfing die Gäste erst im Schloss. »Es war dies, bei aller sonstigen Herzlichkeit, wieder einer jenen feinen Nadelstiche, mit denen man der Herzogin immer von neuem den Unterschied zwischen ihrem Rang und dem ihres Gatten zum Bewusstsein bringen wollte«, schrieb der Privatsekretär des Erzherzogs in seinen Erinnerungen.[150]
Wenn sich Sophie durch solches Verhalten gekränkt fühlte, ließ sie es sich nicht anmerken. Sie »ist sehr liebenswürdig, angenehm, und es ist sehr leicht, mit ihr umzugehen, sie ist taktvoll,

was die Lage erleichtert ...«, schreibt Königin Mary an ihre Tante Augusta, Herzogin von Mecklenburg-Strelitz.[151] Neben ihrer gewinnenden Persönlichkeit schrieb man ihr auch einen positiven Einfluss auf den Thronfolger zu. »Der Erzherzog war ursprünglich sehr antienglisch, aber das ist jetzt ganz anders, und das ist ihr Einfluss, und das ist gut so, sagt man, in jeder Hinsicht. Alle Leute, die bei uns waren und ihn vorher kennen gelernt haben, sagten, wie sehr er sich zum Besseren verändert habe und dass er sehr begeistert war über seinen Besuch bei uns und in England ...«[152] Der Englandbesuch der beiden war die letzte große Auslandsreise vor Sarajevo.

Hatte Erzherzog Franz Ferdinand Vorahnungen?

Nach dem Attentat in Sarajevo mehrten sich die Stimmen, die behaupteten, besonders der Erzherzog habe seinen gewaltsamen Tod vorausgesehen. Es ist jedoch unwahrscheinlich, dass dies der Fall war. Erstens erhalten im Nachhinein viele eigentlich harmlose Worte besonderes Gewicht. Zweitens gehörte kein großes Prophetentum dazu, um als Angehöriger eines Kaiserhauses die Gefahr eines Attentats zu spüren. Am Ende des 19. Jahrhunderts kam mehr als ein Monarch durch ein Attentat ums Leben. Der russische Zar Alexander II. war 1881 Opfer eines Anschlags geworden, König Umberto von Italien 1900, der Herzog von Braganza, ein Verwandter von Franz Ferdinands Stiefmutter, 1908, der griechische König George 1913. Der serbische König Alexander und seine Frau Draga waren gemeinsam mit Verwandten, Angestellten und Ministern 1903 in einem grausamen Blutbad massakriert worden. Bei seinem Besuch der Hochzeit des spanischen Königs im Jahre 1906 war Franz Ferdinand selbst Zeuge eines Attentats geworden. Im Jahr 1882 wurde ein Komplott aufgedeckt, das die Ermordung Franz Josephs zum Ziel hatte. Franz Ferdinands Tante Elisabeth war 1898 erstochen worden. Tod durch einen Mordanschlag war in den Monarchien nichts Unbekanntes. Franz Ferdinand

wusste, dass er als Thronerbe einer der ältesten Monarchien auch eine Zielscheibe für Attentäter war.
Wie viele Leute, die unter ständiger Gefahr stehen, wurde er damit fertig, indem er ganz auf das Schicksal Gottes vertraute. Der ermordete Vorstandssprecher der Deutschen Bank Alfred Herrhausen pflegte zu sagen: »Wenn die Terroristen mich ermorden wollen, werden sie mich ermorden.« Die Einstellung des Thronfolgers zum Attentatstod war ähnlich. Er lehnte besondere Vorsichtsmaßnahmen mit der Begründung ab, dass das Schicksal über den Zeitpunkt des Todes zu entscheiden haben werde.
Als er zwei Monate vor der Ermordung mit einem Bediensteten unangemeldet durch Triest fährt und dieser Bedenken anmeldet, sagt er aufgrund dieser Einstellung: »Aber selbstverständlich und ganz gewiss fahren wir ...! Vorbereitungen? Vorsichtsmaßnahmen? Verfügungen des Polizeidirektors?... auf all' das pfeif ich. Man ist überall in Gottes Hand.« Er wollte sich nicht ständig den Kopf über seine Sicherheit zerbrechen. »Schauen Sie«, erklärt er dem besorgten Begleiter, »aus diesem Gestrüpp rechts von uns könnte sich irgendein Gauner auf mich stürzen ... Besorgnisse und Vorsichten lähmen das Leben. Das Fürchten ist immer ein gefährliches Geschäft.«[153]
Dem Oberst Bardolff, der ihn vor der Reise nach Sarajevo vor den Gefahren warnt, erwidert er: »Ihre Warnung ist ja gewiss berechtigt, aber unter einen Glassturz lasse ich mich nicht stellen. In Lebensgefahr sind wir immer. Man muss nur auf Gott vertrauen.«[154] Das tat er. Wenn er lange von bösen Vorahnungen und Todesangst gequält wurde, besuchte er seinen Geistlichen. Vor einer Reise nach Triest beispielsweise holte er seinen Priester frühmorgens aus dem Bett, damit dieser ihm die Beichte abnahm. Und vor der Abreise nach Sarajevo betete Franz Ferdinand so lange, dass die Begleitung fürchtete, er könne den Zug verpassen.
Im Mai 1914 soupieren Erzherzog Franz Ferdinand und Herzogin Sophie mit Erzherzog Karl und dessen Frau Zita im Belvedere. Als Sophie kurz den Raum verlässt, wendet sich der

Thronfolger an seinen Neffen und sagt: »Ich muss dir schnell etwas anvertrauen, denn ich will nicht, dass deine Tante etwas davon hört. Ich weiß, dass ich bald ermordet werde. In diesem Schreibtisch sind Papiere, die dich betreffen. Wenn es geschieht, nimm sie an dich ...«[155] Noch bevor das bestürzte Ehepaar irgendetwas erwidern kann, kehrt Sophie in den Saal zurück und bringt weitere Gespräche zum Erliegen.
Kurz vor der Fahrt nach Bosnien besucht der Thronfolger die Familie Harrach. Als diese ihm eine glückliche Reise wünscht, antwortet er: »Besonders heimlich ist die Sache nicht, denn es würde mich nicht wundern, wenn mich dort ein paar serbische Kugeln erwarten!«[156]

Vorbereitungen für die letzte Reise

Erst kurz vor der Abreise entschied sich Franz Ferdinand dazu, seine Gemahlin zu den bosnischen Manövern mitzunehmen. Seit 1910, als verfügt worden war, dass die Truppen vor ihr die Ehrenbezeugung zu leisten hatten und sie an militärischen Feiern teilnehmen konnte, nahm sie regelmäßig an derartigen Ereignissen teil. Auch Manöver waren für sie nichts Neues, sie hatte vor Sarajevo schon mehrere besucht. Der Thronfolger verlangte dann von seinen Soldaten besonders effektvolle Schauspiele, mit denen er seine Frau beeindrucken wollte. Die Soldaten nannten dies spöttisch »Sophienschlacht«.
Das Programm von Sarajevo sah anderes vor. Hier sollte die Herzogin ihren Mann nicht begleiten, sondern ein separates Besuchsprogramm abwickeln. Böse Zungen sprachen davon, dass sie sich auf die Gelegenheit gestürzt hätte, das erste Mal offiziell an der Seite ihres Gatten in der Donaumonarchie aufzutreten. Warum man sich dazu ausgerechnet einen instabilen Ort wie Bosnien aussuchen sollte, bleibt schleierhaft. Aussagen wie diese kamen von den Feinden des Paares, die sich nach allen Kräften bemühten, das Thronfolgerehepaar bei jeder Gelegenheit zu diskreditieren. Da die Leute sich oft fürchteten, die Person des

Thronerben direkt anzugreifen, lebte man missgünstige Gefühle besonders an seiner Frau aus. Sie war Schuld, sie musste Schuld sein, dass Franz Ferdinand dies und jenes tat oder nicht tat. Weder Franz Ferdinand noch Sophie unternahmen etwas gegen die schlechte Nachrede, sodass viele der völlig haltlosen Behauptungen immer hängen blieben. Die Herzogin erhielt regelmäßig Drohbriefe per Post und die Taktlosigkeiten im täglichen Leben nahm sie hin, ohne sich irgendeine Gefühlsregung anmerken zu lassen. Es ist nicht bekannt, dass sie auch nur ein einziges Mal die Nerven verloren hätte oder jenes hochmütige Betragen an den Tag gelegt hätte, dass man ihr oft vorwarf. Doch insgeheim litt sie unter der Zurückweisung. Vor ihrer Heirat war sie ein gern gesehenes Mitglied der Wiener und Prager Gesellschaft gewesen, jetzt wurde sie, vielfach von denselben Leuten, geschnitten, hinter ihrem Rücken wurde schlecht über sie geredet. Sie hatte regelmäßig schwere Migräneanfälle. Auf den Gütern des Erzherzogs waren Medikamente gegen die Kopfschmerzen der Herzogin stets vorrätig.
Ein Beispiel für die vielen haltlosen Gerüchte war die Behauptung, das Hofprogramm von Sarajevo sei gestaltet gewesen wie für einen repräsentativen Besuch des Kaisers, wenn dieser als Staatsoberhaupt mit ebenbürtiger Gemahlin auftrat. Angeblich soll das Programm den Kaiser so entrüstet haben, dass dieser sofort nach Ischl abgereist sei, weil er dem zurückkehrenden Franz Ferdinand aus dem Wege gehen wollte. Das Programm, das im Nachlass Franz Ferdinand erhalten ist, lässt solche Schlüsse nicht zu. Es ist nicht besonders gestaltet, der Name der Herzogin wird überhaupt nicht erwähnt. Der Kaiser weilte so wie immer ab Mitte Juni in Ischl. Auf solche Art und Weise wurde versucht aus Tatsachen Umstände zu konstruieren, die zum Nachteil des Ehepaares ausgelegt werden konnten.
Worüber es nie Gerüchte gab, war über die Qualität der Ehe. Selbst die hartnäckigsten Gegner mussten zugeben, dass es eine glückliche, hervorragende Ehe war, in der kein Keil zwischen die Partner geschoben werden konnte. Franz Ferdinand benutzte fast jede Gelegenheit, um Familie, Freunde und sogar ober-

flächliche Bekannte wissen zu lassen, wie glücklich er mit der Frau seines Lebens geworden war. Kurz vor der Abreise nach Sarajevo erzählt er Fürstprimas Csernoch: »Ich habe mehreremal erfahren, dass es im Leben Dinge gibt, welche wir, wenn wir sie nochmals machen müssten, anders verrichten würden. In Bezug auf meine Ehe würde ich aber unverändert dasselbe tun, was ich getan habe. Ich erzähle es Ihnen mit Freuden, dass ich ein von Gott gesegneter Mensch bin. Wenn ich von meinem langen und schweren Tagwerk in mein Familienheim zurückkehre und meine Frau inmitten meiner spielenden Kinder bei der Handarbeit treffe, lasse ich meine Sorgen hinter mir und bin außer mir vor Glücksgefühl.«[157]

Weg in den Tod

Am 23. Juni 1914 verließ das Thronfolgerehepaar das Gut Chlumetz in Böhmen, wo viele Sommer verbracht wurden. Sie ließen ihre Kinder unter Aufsicht des Erziehers Stanovsky zurück.
Doch schon kurze Zeit nach der Abreise ereignete sich die erste Panne. Eine der vier Achsen des Salonwagens hatte sich heiß gelaufen, deshalb musste rasch ein Coupe erster Klasse für das Thronfolgerpaar bereitgestellt werden. Es war unerklärlich, wie es zu diesem Schaden kommen konnte, denn normalerweise trat so etwas nur bei alten Wagen und auch nur bei großer Nachlässigkeit beim Schmieren auf. Dieser Salonwagen Nr. 22, der von der Firma Ringhoffer aus Prag erbaut worden war, war aber modern und wurde vom Oberkondukteur Heinrich Stackler gewartet, einem Mann, der seit langem das Vertrauen des notorisch misstrauischen Erzherzogs genoss. Der Erzherzog bemerkte zu diesem Zwischenfall mit einem gewissen Galgenhumor: »Na die Reise fängt ja recht viel versprechend an.«[158] Gegen 19 Uhr trafen sie in Wien ein. Es ging zum Belvedere, wo die beiden einen gemeinsamen Imbiss einnahmen. Dann trennten sich die Wege, der Thronfolger setzte seine Reise nach Triest fort.

Der Erzherzog begrüßt seine Gemahlin vor dem Hotel Bosna in Ilidže bei Sarajevo, wo das Thronfolgerehepaar logierte

Dort erwartete ihn ein neues Missgeschick, denn in dem Salonwagen, der für den Thronfolger bereitstand, waren die elektrischen Leitungen zusammengebrochen, sodass der Wagen nur durch Kerzen beleuchtet werden konnte. Angeblich meinte der Thronfolger dazu lächelnd zu seiner Umgebung: »Was sagen Sie zu der Beleuchtung! Wie in einem Grab, nicht? Zuerst kommt mein Wagen brennend in die Station, und jetzt will dieser fremde Waggon scheinbar auch nicht mitmachen.«[159]
Danach verlief die Anreise ereignislos. Von der Reise der Herzogin sind keine abenteuerlichen Zwischenfälle überliefert. Die Manöver verlaufen ebenfalls zur Zufriedenheit aller Beteiligten. Außer, dass es an einem Tag schneit (im Juni!), passiert nichts Außergewöhnliches. Alles scheint perfekt zu klappen.

Das letzte Abendessen

Mit einem feierlichen Abschlussdiner am Abend des 27. Juni 1914 in Ilidže bei Sarajevo ist das militärische Programm des Besuchs beendet. Der Thronfolger und seine Frau freuen sich über den guten Abschluss des Besuchs. Entgegen allen Befürchtungen scheint das Programm doch friedlich verlaufen zu sein, ohne die kleinsten Anzeichen einer Störung. »Sie haben sich doch geirrt«, sagt Sophie zum Landtagspräsidenten Dr. Josip Sunaric, »es ist doch nicht so, wie Sie immer sagen. Wir sind überall im Lande, auch ausnahmslos von der serbischen Bevölkerung, so freundlich begrüßt worden, mit einer solchen Herzlichkeit und ungeheuchelten Wärme, dass wir ganz glücklich darüber sind.« Sunaric antwortet darauf: »Hoheit, ich bitte Gott, dass – wenn ich morgen abends die Ehre habe, Sie zu sehen – Sie mir dieselben Worte wiederholen können. Mir wird dann ein Stein vom Herzen gefallen sein, ein großer Stein.«[160]
Auch Franz Ferdinand ist froh und erleichtert den Besuch so glatt hinter sich gebracht zu haben. Gleichzeitig meinen einige von Franz Ferdinands Beratern, dass es in Anbetracht des störungsfreien Besuchs nun vielleicht weise sei, das Schicksal nicht

weiter herauszufordern und mit den Soldaten die Heimreise anzutreten. Man ist geteilter Meinung, kommt aber schließlich zu dem Ergebnis, dass ein so kurzfristiger Abbruch des seit Monaten feststehenden Programms den Landeschef Potiorek kränken würde.

Sonntag, 28. Juni 1914

Der 28. Juni ist ein strahlender Sommertag. Der Morgen beginnt wie jeder Tag mit dem Verfassen eines kurzen Telegramms an die in Chlumetz gebliebenen Kinder. Franz Ferdinand diktiert das folgende Telegramm an die gemeinsame Tochter Sophie: »Befinden von mir und Mami sehr gut. Wetter warm und schön. Wir hatten gestern großes Diner und heute Vormittag den großen Empfang in Sarajevo. Nachmittags wieder großes Diner und dann Abreise auf dem Viribus Unitis. Umarme Euch innigst. Dienstag. Papi.«[161] Danach besuchen beide den Gottesdienst, wo Sophie die heilige Kommunion empfängt. Vom Aufenthaltsort Ilidze machen sich beide mit ihrem Gefolge auf den Weg nach Sarajevo. Das halbtägige Programm ist nicht anstrengend. Lediglich die Besichtigung der militärischen Anlagen Sarajevos sowie des Rathauses und des neuen Landesmuseums steht auf dem Programm. Mit einem Abschiedsdejeuner soll der Aufenthalt in Sarajevo ein Ende finden. Nach einem kurzen Stopp bei der Post, wo die stolzen Eltern ein Telegramm der Kinder in Empfang nehmen, geht es weiter Richtung Rathaus.

Der Thronfolger und sein Gefolge fahren in fünf offenen Automobilen, denen ein sechstes als Reservewagen folgt. Im dritten Wagen befinden sich der Erzherzog, seine Gemahlin und der bosnische Landeschef Potiorek. Auf dem Weg ins Rathaus trifft eine Bombe den vierten Wagen der Kolonne, in dem Franz Ferdinands Obersthofmeister Rumerskirch, Sophies Hofdame Gräfin Lanjus und Oberstleutnant Erik von Merizzi, ein Mitarbeiter des Stabes Potioreks, sitzen. Von den Insassen des Wagens

Das Thronfolgerehepaar verlässt das Rathaus von Sarajevo und begibt sich auf seine letzte Fahrt

erleidet nur Merizzi schwere Verletzungen, die anderen kommen mit dem Schrecken davon. Die Herzogin von Hohenberg wird durch die explodierende Sprengkapsel leicht am Hals verletzt. Merizzi wird ins Spital gebracht, während die anderen die Fahrt fortsetzen, als sei nichts geschehen.

Aber so ruhig, wie es den Anschein hat, ist es nicht. Der Thronfolger ist sichtlich aus dem Gleichgewicht gebracht. Er unterbricht die Ansprache des Bürgermeisters von Sarajevo mit den Worten: »Das ist ja hübsch. Da kommt man zum Besuch in diese Stadt und wird mit Bomben empfangen! ... So, jetzt, fahren Sie fort.«[162] Nachdem der Bürgermeister seine Ansprache beendet hat, verliest Franz Ferdinand seine vorbereitete Antwort, die angesichts seiner vorausgegangen Worte fast zynisch klingen. »Ich bitte Sie«, sagt er, »den Bewohnern der schönen Landeshauptstadt Sarajevo meinen herzlichen Gruß zu entbieten, und versichere Sie meiner unwandelbaren Huld und Gewogenheit.«[163]

Das Attentat ist das wichtigste Gesprächsthema während des Empfangs. Franz Ferdinand, der inzwischen die Fassung wiedergewonnen hat, spottet mit seinem Gefolge darüber, dass der Attentäter wahrscheinlich einen Orden bekommt oder zumindest Hofrat wird. Dann wird die Weiterfahrt besprochen. Franz Ferdinand überlegt seine Frau zurückzulassen, doch diese lehnt das energisch ab. »Ich bleibe bei dir, Franz«, sagt sie, »ich verlasse dich nicht; wo du bist, will auch ich bleiben.«[164] Danach geht sie mit ihrer Hofdame Lanjus in den ersten Stock, um dort die Damen zu begrüßen. Morsey folgt ihnen und rät Sophie, mit ihm im Wagen zu fahren. Doch Sophie wiederholt, was sie schon vorher ihrem Mann gesagt hat: »Solange sich der Erzherzog heute in der Öffentlichkeit zeigt, verlasse ich ihn nicht.«[165]

Trotz des eben verübten Attentats schlägt niemand vor, die gesamte Fahrt sofort abzubrechen und damit auch auf das abschließende Mittagessen zu verzichten. Die bosnische Seite wird konsultiert, aber auch der Landeschef Potiorek sieht keinen Grund für einen Fahrtabbruch. Die einzige Änderung, die der Erzherzog selbst wünscht, ist ein Besuch des verletzten Merizzi

im Garnisonsspital. Man beschließt die Route dementsprechend zu ändern. Damit muss der Konvoi nicht wie geplant nach dem Rathaus rechts abbiegen, sondern auf dem Appelkai bleiben. Als die Gruppe das Rathaus verlässt, sind alle wieder besserer Laune. Der Thronfolger hat auch seinen Humor wiedergefunden. »Heute werden wir noch ein paar Kugerln kriegen«, sagt er zu Graf Harrach, seinem Wagengenossen.[166]
Die Kolonne setzt sich in Bewegung. In Unkenntnis davon, dass die Fahrtroute während des Empfangs geändert worden war, halten sich die ersten Wagen unbeirrt an die alte Route und biegen nach dem Rathaus rechts ab. Da im ersten Wagen der Polizeihauptmann sitzt, ist es unverständlich, wieso gerade dieser von der geänderten Fahrtrichtung nicht informiert ist. Auch der zweite Wagen bemerkt den Fehler nicht. Erst als das dritte Automobil, in dem sich der Thronfolger, seine Gattin und der bosnische Landeschef Potiorek befinden, abbiegt, fällt der Irrtum auf. Die Kolonne hält daraufhin an, um langsam rückwärts aus der Straße hinauszufahren.
Dies war das Todesurteil für den Erzherzog und seine Frau. Denn deren Auto bleibt nun einige Sekunden nah am Menschenspalier am Straßenrand stehen, das die Prozession des hohen Besuchs durch die Stadt verfolgt. In der Menge steht auch der junge Attentäter Gavrilo Princip. Graf Harrach stellt sich vorsichtshalber auf das Trittbrett des Autos, um etwaige Angriffe auf den Erzherzog abzuwehren. Doch seine Vorsichtsmaßnahme nützt nichts. Noch während das Auto steht, ertönen aus der Menschenmenge zwei Schüsse. Als der Wagen zu reversieren beginnt, spritzt das Blut des Erzherzogs bereits auf die Wange Graf Harrachs. Während Graf Harrach das Taschentuch zieht, ruft die Herzogin: »Um Gottes willen! Was ist Dir geschehen?« Daraufhin sinkt sie vom Sitz. Graf Harrach, der diese Momente später den Behörden schilderte, denkt nicht daran, dass auch die Herzogin von den Schüssen getroffen sein könnte, er glaubt, sie sei nur vor Schreck ohnmächtig geworden. Aber ihr Gatte ahnt schon, dass Schlimmeres passiert ist. »Sopherl«, ruft er entsetzt aus, »Sopherl! Stirb mir nicht! Bleibe für meine Kin-

der!« Graf Harrach weiter: »Auf das ergriff ich den Erzherzog beim Rockkragen, um das Vorsinken des Kopfes zu verhindern, und frug ihn: ›Leiden Eure Kaiserliche Hoheit sehr?‹ worauf er deutlich antwortete: ›Es ist nichts.‹ Nun verzog er etwas sein Angesicht und wiederholte sechs-, siebenmal, immer mehr das Bewusstsein verlierend und immer in leiserem Ton ›Es ist nichts.‹ Er saß weiterhin aufgerichtet da, die Augen wie in unendliche Fernen gerichtet.«

Mit Höchstgeschwindigkeit fahren die Autos zum Konak. Dort kümmert man sich erst um den Erzherzog, der noch schwach atmet, aber auf Ansprache nicht reagiert. Man setzt ihn auf, schneidet die Uniform auf, um ihm die Atmung zu erleichtern. Es scheint zu gelingen, denn die Atmung des Erzherzogs wird für kurze Zeit stärker. Aber es ist nur das Aufbäumen vor dem Tod. Franz Ferdinand stirbt.

Nun wendet man sich der Herzogin zu. Man geht davon aus, dass sie nur ohnmächtig ist, da sie keinerlei äußere Verletzungen aufweist. Aber auch sie reagiert nicht auf Ansprache. Als ihre Hofdame sie entkleidet, entdeckt man eine Einschussstelle im Unterbauch. Wie ihr Ehemann ist auch sie durch eine einzige Kugel gestorben. Diese durchschlug ihre Bauchschlagader und führte zum sofortigen Tod. Es ist kurz nach 11 Uhr Ortszeit, als der Tod des Thronfolgerehepaars festgestellt wird. Auf den Tag und fast die Stunde genau 14 Jahre nach der Renunziationserklärung, die die Ehe der beiden ermöglicht hatte, ist die Beziehung zu Ende. Sie, die so lange für ein gemeinsames Leben gekämpft hatten, ließen sich auch im Tod nicht trennen.

Unrühmliches Nachspiel

Der Kaiser erfährt vom Attentat

Die Todesnachricht wird dem Kaiser durch seinen Generaladjutanten Paar überbracht. Dieser hatte ihm bereits vor 16 Jahren die Nachricht der Ermordung der Kaiserin Elisabeth überbringen müssen. Die Reaktion des Kaisers auf das Attentat beschrieb Paar folgendermaßen: »... Im ersten Augenblicke war er aufs tiefste betroffen, wie vom Schlage gerührt; er schloss für einige Minuten die Augen und blieb ganz in Gedanken versunken. Dann aber sprach er – nicht eigentlich zu mir, sondern mehr zu sich selbst – die Worte entrangen sich schwer seiner Brust: Entsetzlich! Der Allmächtige lässt sich nicht herausfordern! ... Eine höhere Gewalt hat wieder jene Ordnung hergestellt, die ich leider nicht zu erhalten vermochte.«[167] Sollten diese Worte wirklich gefallen sein, was nicht eindeutig belegt ist, spricht das für eine ziemlich zynische Sichtweise des Kaisers. Wieder einmal hatte Gott den Habsburgern geholfen, indem er unangenehme Mitglieder durch Attentate beseitigen ließ. Der Kaiser wollte offenbar auch damit sagen, so der Franz-Ferdinand-Biograf Theodor von Sosnotzky, »dass der Thronfolger seine durch seine Heirat begangene Versündigung gegen die Tradition der Dynastie und seine Unbotmäßigkeit ihm gegenüber habe büßen müssen ...«[168]

Die zur Schau getragene Kälte und Unbewegtheit angesichts der Ermordung eines nahen Verwandten wird verständlicher, wenn man bedenkt, dass der Kaiser drei seiner engsten Familienmitglieder durch gewaltsamen Tod verloren hatte. Sein einziger

Sohn hatte sich das Leben genommen, seine Frau war erstochen worden und seinen Bruder König Maximilian von Mexiko hatten Rebellen hingerichtet. Es konnte ihn daher nicht mehr viel erschüttern, zudem er auch darauf konditioniert war, so wenig wie möglich von seinem Innersten nach außen zu kehren. Wie anders war doch sein Neffe gewesen, der seinen Gefühlen oft freien Lauf gelassen hatte, häufig auf Kosten anderer.
Ganz kalt ließ ihn das Schicksal seines Neffen und dessen Gemahlin dennoch nicht. Er nahm sein Essen allein ein und starrte danach stundenlang vor sich hin. Allerdings hat auch seine Lieblingstochter Erzherzogin Marie Valerie, die ihn am nächsten Tag besucht, in ihrem Tagebuch notiert, dass sie ihren Vater zwar erschüttert und mit Tränen in den Augen von den armen Kindern sprechend vorfand, »aber wie ich vorher wusste, nicht persönlich getroffen«.[169] »In aller Sorge, wie Papa diese neue Erschütterung tragen würde, war mir doch bewusst, dass es nur eine Aufregung, kein Schmerz für ihn sei.«[170] Mit dem Tod seines kämpferischen Neffens hatte sich eines der vielen Probleme des Kaisers quasi von selbst gelöst.

Die Kinder erhalten die Todesnachricht

Prinzessin Sophie, Herzog Max und Fürst Ernst Hohenberg befinden sich unterdessen ahnungslos auf Chlumetz unter der Aufsicht des Erziehers Stanovsky. Überraschend kommt am Sonntagnachmittag ihre Tante Henriette aus Prag zu Besuch und berät sich sehr lange mit Stanovsky. Danach erzählt ihnen Tante Henriette, dass ihre Eltern plötzlich erkrankt seien und die Kinder in die Kirche für sie beten gehen sollten. Die Kinder sind erstaunt und fragen warum. Besonders die Älteste, die fast 13-jährige Sophie, scheint ihre Zweifel zu haben. Was die Eltern hätten, wieso sie auf einmal so schwer krank sein können, möchte sie wissen, erhält aber keine befriedigende Antwort. Als nach und nach sämtliche anderen Verwandten, die Familien Nostitz, Schönburg, Thun und Wuthenau nach Chlumetz kommen, weinen und wieder lange mit Stanovsky in einem Zimmer reden, hält die Geschichte der schweren Erkrankung nicht mehr. Noch während Stanovsky den Kindern erklärt, dass man sich auf das Schlimmste gefasst machen müsse, unterbricht ihn Sophie mit einem »Sie sind tot! Nicht wahr, sie sind tot? Ich weiß schon alles!«. Die Verwandten können es nur bejahen. Die Kinder sind außer sich vor Schmerz und weinen die ganze Nacht, erst gegen Morgen kehrt Ruhe ein. Am nächsten Morgen haben sie das Schreckliche vom Vortag, wenn auch nicht akzeptiert, schon erfasst und sehen sogar am gemeinsamen Tod der Eltern etwas Gutes. »Gott hat es schon so gefügt, dass Papi und Mami mitsammen uns genommen wurden. Denn Papi hätte nicht ohne Mami und Mami nicht ohne Papi leben können«, sagt Sophie. Einer ihrer Brüder pflichtet ihr bei: »Es ist gut, dass die Mami mit dem Papi gestorben ist. Wenn sie allein am Leben geblieben wäre, hätte sie darob den Verstand verloren.«[171]

Die Bevölkerung war über den Doppelmord erschüttert. »Mit weit aufgerissenen Augen stehen die Menschen da, beugen sich zu zehn und zwanzig über die Papierblätter und murmeln dumpfe Rufe des Entsetzens«, schrieb die Neue Freie Presse. In die Fassungslosigkeit des Volkes mischte sich nur wenig Trauer, denn beliebt waren beide nicht gewesen. »Er war kein Grüßer«, schrieb Karl Kraus wenige Wochen nach dem Tode in der »Fackel«. Sein Ruf interessierte Franz Ferdinand nicht. »Wer mich kennt glaubt diesen Unsinn nicht, und wer mich nicht kennt, der wird mich schon kennen lernen«, pflegte er zu sagen. Sophie galt als hochmütig, als die ehrgeizige »Morganatische«, die dem armen, willenlosen Thronfolger die Ehe abgetrotzt hatte und nicht eher stoppen würde, bis sie Kaiserin war.

Vorbereitung der Beerdigungsfeierlichkeiten

Der Kaiser und sein Hof reisten nach dem Attentat von Ischl nach Wien zurück, um die Beerdigungsfeierlichkeiten vorzubereiten. Der Stab des Thronfolgers ist bereits nach Wien zurück-

gekehrt, nur um festzustellen, dass der Kaiser den Hofstaat des Thronfolgers bereits vollständig aufgelöst hat und alle Mitarbeiter stellungslos sind.
Mit der Organisation der Trauerfeierlichkeiten wird der erste Obersthofmeister des Kaisers, Fürst Alfred Montenuovo, beauftragt. Der Kaiser überließ Montenuovo die gesamte Organisation der Feierlichkeiten und dieser machte sich daran, diese gemäß des unterschiedlichen Zeremoniells zu inszenieren. Die Ehepartner können aufgrund ihrer unterschiedlichen Stellung nicht gemeinsam beerdigt werden. Franz Ferdinand gehört als Erzherzog in die Kapuzinergruft, seine Frau nicht. Als der Stab des Thronfolgers einwendet, dass Franz Ferdinand an der Seite seiner Frau auf Schloss Artstetten begraben werden will, akzeptiert Montenuovo das nicht. Franz Ferdinands Obersthofmeister Rumerskirch fährt die Landsitze des Erzherzogs ab, um das Testament ausfindig zu machen. Erst als Montenuovo die letzte Anordnung des Thronfolgers in Händen hält, erklärt er sich damit einverstanden, die Feier dementsprechend zu gestalten.
Vor der Beerdigung in Artstetten sollen die Leichen der Ermordeten in Wien öffentlich aufgebahrt und eingesegnet werden. Montenuovo will nicht zulassen, dass die Leiche der Herzogin von Hohenberg neben der ihres Gemahls in der Hofburgkirche aufgebahrt wird. Erst als der neue Thronfolger, Erzherzog Karl Franz Joseph, interveniert, kann dies durchgesetzt werden. Es bedarf ebenso langer Verhandlungen, um durchzusetzen, die Leiche der Herzogin gleichzeitig mit der des Erzherzogs vom Südbahnhof abholen zu lassen. Während der Streit tobt, liegen die Leichen seit Tagen immer noch in Sarajevo. Bereits seit Montag warten die Beamten, was geschehen wird.
Am Donnerstag, dem 2. Juli, werden die Leichen abends um 22 Uhr vom Südbahnhof in die Hofburgpfarrkirche überführt. Die späte Nachtstunde wird von der ehemaligen Umgebung des Thronfolgers als gezielter Akt des Kaisers verstanden, um den Ermordeten so wenig Aufmerksamkeit wie möglich zu widmen. Dabei war es exakt dasselbe Zeremoniell, mit dem auch Franz Ferdinands Vater, Erzherzog Karl Ludwig, überführt wurde.

Aufbahrung

Am Vormittag des Freitags, des 3. Juli, waren die Leichen der Ermordeten öffentlich zugänglich. Dies war, angesichts des Ranges des Erzherzogs, der ja immerhin Thronerbe war, verwunderlich. Bei vergleichbaren Trauerfällen war das Obersthofmeisteramt anders vorgegangen. Kronprinz Rudolf, der als leiblicher Sohn des Kaisers natürlich eine andere Stellung eingenommen hatte als ein Neffe des Kaisers, wurde insgesamt eineinhalb Tage aufgebahrt. Erzherzog Albrecht, der zwar Schlachten gewonnen hatte, aber im Rang weit hinter Franz Ferdinand stand, wurde nach seinem Tod 1895 sogar an zwei Vormittagen und einem Nachmittag exponiert. Nur Erzherzog Karl Ludwig, Franz Ferdinands Vater, wurde ebenfalls an nur einem Vormittag aufgebahrt. Die Zeit erwies sich als zu kurz. Von der langen Menschenschlange, die sich vor der Hofburgpfarrkirche anstellte, mussten viele um 12 Uhr, als die Türen geschlossen wurden, die Burg unverrichteter Dinge verlassen.

Eine Zeichnung des Innern der Hofburgpfarrkirche, die in einer Zeitung veröffentlicht wurde, erweckt den Anschein, als läge der Sarg des Erzherzogs deutlich höher als der seiner Gattin und bestärkte viele in ihrer Meinung, dass der Kaiser durch seinen Obersthofmeister am ungeliebten Neffen Rache nahm. Ausnahmsweise entsprach dieses Gerücht nicht der Wahrheit. Eine Fotografie zeigt, dass die Särge gleich hoch standen. Missverständnisse rankten sich auch um die Gegenstände, die dem ermordeten Thronfolgerpaar mitgegeben wurden. Vor dem Sarge Franz Ferdinands lag die Prinzenkrone, der Erzherzogshut, ein Säbel und seine Orden, während vor dem seiner Gemahlin lediglich ein paar weiße Handschuhe und ein Fächer zu finden waren. Manche interpretierten dies als eine Beleidigung der ermordeten Herzogin, mit dem diese wohl allzu deutlich auf ihren früheren Beruf als Hofdame aufmerksam gemacht werden sollte. Das ist wohl nicht der Fall. Handschuhe und Fächer waren Zeichen der Frauenwürde, die allen weiblichen Mitgliedern des Kaiserhauses mitgegeben wurden. Auch vor dem Sarg Kaiserin

Aufbahrung des Thronfolgerpaares

Elisabeths hatten Handschuhe und ein Fächer gelegen. Was die schiefe Optik schuf, war, dass dort nichts anderes lag. Bei der Kaiserin hatten dort Kaiser- und Königskrone gelegen, bei anderen Erzherzoginnen immerhin noch deren Erzherzoginnenhüte. Die Herzogin hatte auf beides kein Anrecht. Dass das Obersthofmeisteramt nicht zumindest die Beilegung eines angemessenen Symbols ihrer Herzoginnenwürde veranlasste, zeugt nicht von großer Sensibilität.
Am Nachmittag um 16 Uhr findet die Einsegnung der Leichen in der Kirche statt. Der Kaiser nimmt teil, aber man merkt ihm an, dass es für ihn eine unangenehme Pflichtübung darstellt. »Mit vollkommener Gleichgültigkeit und demselben unbeweglichen Gesichtsausdruck, den er auch bei jedem anderen Anlass seinen Untertanen zu zeigen pflegte, blickte er in der Trauerversammlung herum«, erinnert sich der Privatsekretär des Erzherzogs.[172] Der Kaiser verließ die Kirche, ohne auch nur einen Blick auf die beiden Särge zu werfen.

Trauergäste

Der Kaiser war der einzige Monarch, der der Trauerfeier beiwohnte. Die Anstrengungen des Hofes, fremde Fürstlichkeiten von Wien fern zu halten, waren erfolgreich gewesen. Selbst das rumänische Kronprinzenpaar, das sich bereits auf den Weg nach Wien gemacht hatte, brach die Reise ab, als es erfuhr, dass die Teilnahme zu vieler Leute dem Kaiser zu anstrengend sein würde. Sogar Kaiser Wilhelm II., der sich eigentlich nicht abhalten lassen wollte teilzunehmen, lässt sich entschuldigen. Sein Büro schreibt, dass der allergnädigste Herr »heute nach einem Spazierritt von einer plötzlichen Indisposition befallen wurde, welche es allerhöchst demselben auf ärztlichen Rat zu seinem größten Leidwesen nicht möglich macht die Fahrt nach Wien anzutreten.«[173] Eine Vertretung des deutschen Kaisers wurde abgelehnt. Auch der deutsche Kronprinz Heinrich nimmt entgegen früherer Ankündigungen nicht teil. Andere ausländische

Höfe, die sich bereitgehalten hatten, wurden von der Teilnahme abgehalten.

Die Verfügung einer schlichten Trauerfeier stammte von Außenminister Berchtold und trug auch außenpolitischen Verhältnissen Rechnung. Man wollte erstens verhindern, dass König Peter von Serbien zum Begräbnis kam. Zum Zweiten hätte eine Ansammlung vieler Souveräne heftige Diskussionen über das Verhalten Serbiens ausgelöst, die eine Eskalation der Situation zur Folge hätten haben können. Die Möglichkeit, durch eine Ansammlung glanzvoller Regenten in einer der ältesten Zentren der Monarchie, die einem der ihren, der feige ermordet worden war, die letzte Ehre erwiesen, Stärke und Einigkeit der europäischen Monarchien zu demonstrieren, wurde nicht in Betracht gezogen.

Doch nicht nur für Fürsten ist kein Platz in der Hofburgpfarrkirche, sondern auch für die Verwandten der Familie der Herzogin. Von ihrer Familie sind nur die engsten Verwandten in der Kirche anwesend, alle bis auf Sophies Schwester Zdenka. Sophies Vetter Graf Rudolf Chotek, aus der in Ungarn lebenden Linie, bittet wenige Tage vor der Beerdigung »höflichst als Vetter der verewigten Herzogin von Herzogin von Hohenberg, mir eine solche Einladung freundlichst und ehebaldigst ... zukommen lassen zu wollen! Gleichzeitig gestatte ich mir anzufragen, ob die Mitglieder der Familie Chotek einen bestimmten Platz in der Kirche zugewiesen erhalten werden?«[174] Sein Anliegen dürfte nicht bewilligt worden sein, denn der Name Graf Rudolf Choteks findet sich nicht auf der Liste der in der Kapelle anwesenden Trauernden. Auch die gemeinsamen Kinder des Paares waren nicht dabei. Es wurde befürchtet, dass »die offizielle Trauerzeremonie durch Szenen kindlichen Schmerzes gestört werden könnte«.[175]

Hof- und Familientrauer

Noch ein letzter Nadelstich, den das Kaiserhaus setzte, geschah bei Ansetzung der Hoftrauer. Beim Tod Kronprinz Rudolfs war

Hoftrauer II. Klasse verhängt worden, insgesamt drei Monate. Dies war eine angemessene Zeit für einen leiblichen Sohn des Kaisers, der sich allerdings aus kirchlicher Sicht zumindest dadurch versündigt hatte, dass er sein eigenes Leben nahm. Für Rudolfs Vetter Franz Ferdinand, der durch, wie man damals sagte, »ruchlose Mörderhand« den Tod gefunden hat, wurde Hoftrauer III. Klasse angeordnet. Seine Gemahlin hatte gar keinen Anspruch auf Hoftrauer, da sie keine Erzherzogin war. Für sie wurde lediglich »Familientrauer« proklamiert, die auch als Hoftrauer VI. Klasse bezeichnet wurde und lediglich zwölf Tage umfasste. Es schien, als ob alle protokollarischen Möglichkeiten genutzt wurden, um, wo immer es ging, auf die ungleiche Stellung des Ehepaars hinzuweisen.

Fahrt nach Artstetten

Ein nächster Streitpunkt war die Überführung der Leichen nach Artstetten. Das Kaiserhaus lehnte es ab, außerhalb der Wiener Stadtgrenzen die Verantwortung zu übernehmen. »Ich stelle euch die Leichen bis auf die Westbahn«, soll Montenuovo gesagt haben, »lasse sie noch einwaggonieren und abrollen, dann aber könnt ihr damit machen, was ihr wollt.«[176] Die Gemeinde Wien übernahm die Aufgabe. Man stelle sich vor, der Thronfolger der jahrhundertealten Habsburgermonarchie wird praktisch mit öffentlichem Verkehrsmittel zu seiner letzten Ruhestätte befördert.
Die Abwicklung der ganzen Angelegenheit stieß immer mehr Leuten unangenehm auf. Wenn der Thronfolger und seine Frau auch nicht beliebt waren, war es doch zu viel, deren Beerdigung in solcher Einfachheit zu inszenieren, dass es Pietätlosigkeit gleichkam. Als bekannt wurde, dass die Leichen nach der Einsegnung nicht einmal von einem militärischen Kondukt begleitet wurden, war das Fass für viele Aristokraten voll. »Es geschah das Unglaubliche, dass dem Thronfolger und ›Generalinspektor der gesamten bewaffneten Macht‹ die militärischen

Ehren versagt blieben, die jedem gestorbenen Unteroffizier zuteil geworden wären«, schrieb Nikitsch. Eine Gruppe von Adeligen, unter ihnen auch der Ehemann der Kronprinzessinnenwitwe Stephanie, Graf Elemer Lonyay, wollte daher die Särge des toten Thronfolgerpaars von der Hofburg bis zum Westbahnhof begleiten und kündigten dies im Obersthofmeisteramt an, wo ihnen Montenuovo kurz und bündig erklärte, dass das nicht in Frage käme.

Doch die Gruppe gab nicht auf. Fürst Ernst Rüdiger von Starhemberg, der diese kleine Revolution anführte, machte deutlich, dass er sich von niemand verbieten lasse, dem toten Ehepaar die letzte Ehre zu erweisen. Dabei gehörte Fürst Starhemberg gar nicht zum engeren Kreis des Erzherzogs. Er hatte aber dessen Großzügigkeit erfahren, denn der Thronfolger hatte oft für das Hospiz »Haus der Barmherzigkeit« gespendet, für das sich Starhemberg engagierte. Die offene Missachtung eines Befehls des Obersthofmeisteramtes des Kaiser, einer Anweisung, die also quasi von »ganz oben« gekommen war, durch eine Gruppe von eigentlich kaisertreuen Aristokraten, machte Schlagzeilen. Handelte es sich hier etwa um einen gegen den Kaiser und die Monarchie gerichteten Akt? Nein, stellte Starhemberg in einem Gespräch mit der Presse klar. »Es war bei den Arrangements für die Leichenfeierlichkeiten wahrhaftig kein Unrecht geschehen, sondern nur allzu viel des Rechtes«, umschreibt er auf äußerst diplomatische Art und Weise die Geschehnisse der bewegten Woche. »Gegen ein Unrecht hätte man demonstrieren können, da aber keines geschehen war, so war unser Erscheinen nur eine Manifestation unserer Verehrung für den verewigten Erzherzog Franz Ferdinand und seine Gemahlin, die ihm ebenbürtig an Festigkeit des Willens, an Treue und an tapferem Mut war.«[177]

Schlussbetrachtung

Spätestens nach dieser nächtlichen Manifestation begann die Kritik an Montenuovo schärfer zu werden. Die Arbeiterzeitung und das Neue Wiener Journal forderten offen seinen Rücktritt und einige Zeit sah es so aus, als würde dies auch passieren. Doch Montenuovo bekam bald höchste Rückendeckung, denn wenige Tage nachdem diese Rücktrittsforderungen bekannt geworden waren, wurde in der »Wiener Zeitung« ein kaiserliches Handschreiben veröffentlicht, in dem der Kaiser seinem Obersthofmeister mit geflissentlichem Nachdruck seinen »wärmsten Dank« für seine »aufopfernde Hingebung« an seine Person aussprach. Damit übernahm der Kaiser nicht nur demonstrativ die Verantwortung für alles, was passiert war, es war dies auch als eine volle Einverständniserklärung, wenn nicht sogar ein Ausdruck ausgesprochener Zufriedenheit zu sehen.

Damit hatte das traurige Schauspiel ein Ende gefunden. Wenig später brach der erste Weltkrieg aus und danach war die Habsburger-Monarchie nur noch ein Kapitel für Geschichtsbücher. Das Hofzeremoniell, das dem Thronfolgerehepaar so viel Kummer verursacht hatte, ist heute nur noch Objekt akademischer Studien und wissenschaftlicher Arbeiten.

Man hat sich viel den Kopf darüber zerbrochen, ob Franz Ferdinand als Kaiser in der Lage gewesen wäre den Lauf der Dinge grundlegend zu ändern. Er starb, ohne die Möglichkeit gehabt zu haben, seine politischen Ambitionen zu verwirklichen. Trotzdem ist ihm doch das gelungen, wovon viele Menschen, nicht nur Habsburger, träumen: mit der Frau seines Lebens eine glückliche Ehe zu führen.

Vereint im Leben und im Tod: Franz Ferdinand und Sophie

Anmerkungen

[1] Wiener Zeitung, 19. Dezember 1863
[2] Gabriele Praschl-Bichler, Gott gebe, dass das Glück andauere, Wien 1997, 143
[3] ebenda
[4] Brief Erzherzog Karl Ludwig an Carl Mosch, Vicepräsident der Statthalterei in Lemberg, 13. Jänner 1863, zitiert bei Alfred von Lindheim, Erzherzog Carl Ludwig 1833-1896. Ein Lebensbild, Wien 1897, 100
[5] Brief Erzherzog Karl Ludwig, 22. Juni 1863, zitiert bei Lindheim, 100
[6] Brief Erzherzog Karl Ludwig, 31. Oktober 1863, zitiert bei Lindheim, 101
[7] Brief Erzherzog Karl Ludwig an Graf Moriz Dzieduszycki, 28. Dezember 1863, zitiert bei Lindheim, 102
[8] Gerd Holler, Sophie. Die heimliche Kaiserin, Wien 1993, 342
[9] ebenda
[10] ebenda
[11] Franz Maneschg, Karl Chotek und Friedrich Wilczek als Gouverneure von Tirol und Vorarlberg, Innsbruck 1971, 187
[12] Adam Wolf, Graf Carl Chotek, geheimer Rath und Oberstburggraf von Böhmen. Ein Lebensbild, Prag 1869, 17
[13] Tagebuch der Erzherzogin Sophie, zitiert bei Brigitte Hamann, Rudolf. Kronprinz und Rebell, München 1995, 43
[14] Brief Marshall an Franz Ferdinand vom 17. Juni 1871, Nachlass Franz Ferdinand, Karton 17
[15] Marie Freiin von Wallersee, Meine Vergangenheit, Berlin 1913, 100
[16] Lindheim, 123
[17] Haus-, Hof- und Staatsarchiv Wien, Administrative Registratur, Personalakten des k.k. Ministeriums des Äußeren
[18] ebenda
[19] Stephanie Lonyay, Ich sollte Kaiserin werden, Leipzig 1935,
[20] Hamann, Rudolf, 157 f.

[21] Irmgard Schiel, Stephanie. Kronprinzessin im Schatten von Mayerling, Stuttgart 1978, 79
[22] Lonyay, 67
[23] Egon Caesar Conte Corti und Hans Sokol, Kaiser Franz Joseph, Wien 1960, 295
[24] Heinrich Graf von Lützow, Im diplomatischen Dienst der k. u. k. Monarchie, Wien 1971, 29
[25] Brief Rudolf an Franz Ferdinand, Juli 1880, Nachlass Franz Ferdinand, Karton 5
[26] Brief Rudolf an Franz Ferdinand, 27. Juni 1884, Nachlass Franz Ferdinand, Karton 5
[27] Lindheim, 147
[28] Brief Rudolf an Franz Ferdinand, 23. Juli 1886, Nachlass Franz Ferdinand, Karton 5
[29] ebenda
[30] ebenda
[31] Brief vom 17. November 1887, Nachlass Kronprinz Rudolf, Karton 19
[32] Regimentskommandobefehl Nr. 129, 9. Mai 1890, Nachlass Franz Ferdinand, Karton 1
[33] Eva-Marie Csáky (Hrsg.), Vom Geachteten zum Geächteten. Erinnerungen des k. u. k. Diplomaten und des k. Ungarischen Außenministers Emerich Csáky (1882-1961), Wien 1992, 92
[34] Der Fragebogen ist im Erzherzog Franz Ferdinand Museum in Artstetten (Niederösterreich) ausgestellt.
[35] Bettina von Scharnhorst, Hofdamenbriefe, Zürich 1903, 284
[36] Countess Olga Leutrum, Court and diplomacy in Austria and Germany. What I know, London 1918, 88
[37] Dies erzählte Erzherzogin Marie Therese einem befreundeten Journalisten. »Berliner Abendblatt«, 12. Juli 1898
[38] Hieronymus Graf Oldofredi, Persönliche Erinnerungen an Erzherzog Franz Ferdinand, »Neues Wiener Journal«, 25. März 1928, zitiert bei Theodor von Sosnotzky, Franz Ferdinand der Erzherzog Thronfolger, München und Berlin 1929, 10
[39] Albert Freiherr von Margutti, Vom alten Kaiser. Persönliche Erinnerungen an Franz Joseph I., Wien 1921, 124

[40] Erzherzog Franz Ferdinand von Österreich-Este. Tagebuch meiner Reise um die Erde 1892-1893, Wien 1895, Tagebuch, Band I 34
[41] ebenda, Band I 38
[42] ebenda, Band II 7
[43] ebenda, Band I 238
[44] ebenda, Band I 287/288
[45] ebenda, Band II 56
[46] ebenda, Band I 179
[47] ebenda, Band I 83
[48] ebenda, Band I 133
[49] ebenda, Band II 218
[50] ebenda, Band II 245
[51] ebenda, Band II 237
[52] Brief Franz Ferdinand an Kronprinz Rudolf, 7. Februar 1882, Nachlass Kronprinz Rudolf, Karton 19
[53] ebenda
[54] Brief Erzherzog Albrecht an Franz Ferdinand, 23. August 1893, Nachlass Erzherzog Franz Ferdinand, Karton 2
[55] Adam Müller-Guttenbrunn, Franz Ferdinands Lebensroman. Ein Dokument unserer Zeit, Stuttgart 1919, 2. Auflage. Obwohl die unter einem Pseudonym verfassten Erinnerungen als »Roman« bezeichnet werden, gelten sie mit Abstrichen als authentisches Quellenmaterial.
[56] Brief vom 18. August 1894, Erzherzog Franz Ferdinand Museum, Artstetten
[57] ebenda
[58] Brief vom 1. Juni 1895, Nachlass Erzherzog Franz Ferdinand, Karton 3
[59] Brief Erzherzogin Isabella an Erzherzog Franz Ferdinand, 21. Juni 1895, Nachlass Erzherzog Franz Ferdinand, Karton 3
[60] ebenda
[61] Victor Eisenmenger, Erzherzog Franz Ferdinand. Seinem Andenken gewidmet von seinem Leibarzt, Wien 1930, 10
[62] Brief Erzherzogin Isabella an Franz Ferdinand vom 9. August 1895, Nachlass Erzherzog Franz Ferdinand, Karton 3

[63] Brief vom 2. August 1895, Nachlass Erzherzog Franz Ferdinand, Karton 2, zitiert bei Margit Silber, Obersthofmeister Alfred Fürst von Montenuovo, Höfische Geschichte in den beiden letzten Jahrzehnten der österreichisch-ungarischen Monarchie (1896–1916), Wien, 1994, 567
[64] Brief vom 15. August 1895, zitiert bei Nora Fugger, Im Glanz der Kaiserzeit, Wien 1980, 311
[65] Sigrid Maria Größing, Wir hätten in einem Rosengarten sitzen können, Wien 1998, 304
[66] Eisenmenger, 18
[67] Eisenmenger, 28
[68] Lützow, 160
[69] Assuan, 3. Jänner 1896, Fugger, 313
[70] Sosnotzky, 19
[71] Neue Zeremonialakten, Karton 54
[72] Wiener Zeitung Extraausgabe, 19. Mai 1896
[73] Corti/Sokol, 378
[74] Eisenmenger, 79
[75] Lützow, 94
[76] Brief Franz Ferdinand an Gräfin Nora Fugger, vom 14. Februar 1897, zitiert bei Fugger, 318
[77] ebenda
[78] Brief Franz Ferdinand an Freiherr Max Vladimir Beck, vom 8. August 1896, zitiert bei Silber, 577
[79] Robert A. Kann, Erzherzog Franz Ferdinand Studien, Wien 1976, 147
[80] ebenda, 148
[81] Eisenmenger, 94
[82] Brief Erzherzogin Isabella an Franz Ferdinand 31. Oktober 1896, Nachlass Franz Ferdinand, Karton 3
[83] Brief Franz Ferdinand an Nora Fugger, 14. Februar 1897, zitiert bei Fugger, 319
[84] Brief Kaiser Franz Joseph an Franz Ferdinand, vom 7. April 1897, Nachlass Franz Ferdinand, Karton 2
[85] Eisenmenger, 129
[86] Brief Erzherzog Friedrich an Franz Ferdinand, 15. April 1898,

Nachlass Franz Ferdinand, Karton 3
[87] Brief Franz Ferdinand an Nora Fugger, 10. Oktober 1898 zitiert bei Fugger, 323
[88] Brief vom 10. Oktober 1898, zitiert bei Johann Christian Allmayer-Beck, Erzherzog Franz Ferdinand und Baron Max Vl. Beck, Wien 1948, 37
[89] Müller-Guttenbrunn, 114
[90] Brief vom 15. März 1899, Erzherzog Franz Ferdinand Museum, Artstetten
[91] Friedrich Weißensteiner, Ein Aussteiger aus dem Kaiserhaus: Johann Orth, Wien 1986, 136 ff.
[92] Brief Franz Ferdinand an Gräfin Sophie Chotek, 29 März 1999, Erzherzog Franz Ferdinand Museum, Artstetten
[93] Eisenmenger, 130
[94] Karl Vocelka, Habsburgische Hochzeiten 1550-1600, Wien 1976, 22
[95] Brief Sophie an ihre Mutter, 17. März 1839, zitiert bei Holler, 101
[96] Brigitte Hamann, Biographisches Lexikon der Habsburger, 179
[97] Brief vom 5. Januar 1895, zitiert bei Gabriele Praschl-Bichler, Gott gebe, dass das Glück andauere, 20
[98] »Neues Wiener Abendblatt«, 24. November 1901
[99] Tagebuch Erzherzogin Marie Valerie vom 9. Dezember 1899, zitiert bei Silber, 479
[100] Erzherzogin Valerie, zitiert bei Corti/Sokol, 399
[101] Allmayer-Beck, 43
[102] Rudolf Sieghart, Die letzten Jahrzehnte einer Großmacht, Berlin 1932, 52
[103] ebenda, 53
[104] Tagebuch Beck, 13. April 1900, zitiert bei Allmayer-Beck, 45
[105] Müller-Guttenbrunn, Vorwort
[106] Müller-Guttenbrunn, 143
[107] Brief Franz Ferdinand an Beck, 14. Mai 1900 zitiert bei Silber, 610
[108] Weißensteiner, Franz Ferdinand, 130

[109] ebenda
[110] »Leitmeritzer Zeitung«, 30. Juni 1900
[111] M. Graf Ketösy, Habsburgische Mesalliancen und Liebesaffairen, Leipzig 1902, 175
[112] Brief Franz Ferdinand an Sophie, 25. Juni 1900, Erzherzog-Franz-Ferdinand-Museum, Artstetten
[113] Allmayer-Beck, 62
[114] Schiel, 276
[115] Erzherzog-Frank-Ferdinand-Museum, Artstetten
[116] Brief Beck an seine Angehörigen, 4. Juli 1900, zitiert bei Allmayer-Beck, 64
[117] »Neue Freie Presse«, 2. Juli 1900
[118] ebenda
[119] Brief Franz Ferdinand an Erzherzogin Marie Therese, 9. Juli 1900, zitiert bei Sosnotzky, 37
[120] ebenda
[121] Brief Franz Ferdinand an Beck, 28. August 1900, zitiert bei Kann, 50
[122] Eisenmenger, 160
[123] Paul Nikitsch-Boulles, Vor dem Sturm. Erinnerungen an Erzherzog Thronfolger Franz Ferdinand, Berlin 1925, 30
[124] Jean de Bourgoing (Hrsg.), Briefe Kaiser Franz Josephs an Frau Katharina Schratt, Wien 1949, 403
[125] Eisenmenger, 133
[126] Brief Franz Ferdinand an Dr. Victor Eisenmenger, 1. August 1901, zitiert bei Eisenmenger, 134
[127] Brief Franz Ferdinand an Erzherzogin Marie Therese, zitiert bei Sosnotzky, 37
[128] Brief Franz Ferdinand an Erzherzogin Marie Therese, 23. September 1904, zitiert bei Sosnotzky, 37 ff.
[129] Johann Dillinger, Erzherzog Franz Ferdinand von Österreich-Este und Herzogin Sophie von Hohenberg. Ein kurzes Lebensbild, Klagenfurt 1915, 25
[130] Brief Franz Ferdinand an Thun, 11. November 1906, zitiert bei Kann, 141
[131] Brief Erzherzog Friedrich an Franz Ferdinand, 3. Februar

1907, Nachlass Franz Ferdinand, Karton 3
[132] Friedrich Funder, Von Gestern ins Heute, Wien 1971, 304
[133] Brief Fürst Alfred Montenuovo an Franz Ferdinand, 20. August 1908, Nachlass Erzherzog Franz Ferdinand, Karton 17
[134] Eisenmenger, 137
[135] Nikitsch, 131
[136] Leopold von Chlumecky, Erzherzog Franz Ferdinands Wirken und Wollen, Berlin 1929, 118
[137] ebenda
[138] Albert Freiherr von Margutti, Vom alten Kaiser. Persönliche Erinnerungen an Franz Joseph I., Wien und Leipzig 1921, 145
[139] Brief Kaiser Franz Joseph an Franz Ferdinand, 31. Juli 1909, Nachlass Franz Ferdinand, Karton 2
[140] Nikitsch, 31/32
[141] Silber, 647
[142] Telefondepesche Rumerskirch an Aerenthal von Mensdorff 13. Mai 1910, Nachlass Franz Ferdinand, Karton 17
[143] Brief Fürst Alfred Montenuovo an Franz Ferdinand, 13. Februar 1911, Nachlass Erzherzog Franz Ferdinand, Karton 17
[144] Brief Fürst Alfred Montenuovo an Franz Ferdinand, 16. Februar 1911, Nachlass Erzherzog Franz Ferdinand, Karton 17
[145]Margutti, 140 f.
[146] Funder, 383
[147] Eisenmenger, 177
[148] Brief Franz Ferdinand an Beck, 2. Februar 1904, zitiert bei Silber, 519
[149] Brief Franz Ferdinand an Montenuovo, 17. August 1911, Nachlass Erzherzog Franz Ferdinand, Karton 17
[150] Nikitsch, 163
[151] Brook-Shepherd, Die Opfer von Sarajevo, Erzherzog Franz Ferdinand und Sophie Chotek, Stuttgart 1988, 278
[152] ebenda
[153] Im Gespräch mit Andreas Freiherr von Eichhoff, zitiert in »Reichspost«, 28. März 1926
[154] Rudolf Kiszling, Erzherzog Franz Ferdinand von Österreich-Este, Graz/Köln 1953, 291

[155] Kaiserin Zita im Gespräch mit Gordon Brook-Shepherd, zitiert bei Shepherd, 206
[156] Zdenko Kinsky, Zu Pferd und zu Fuß, 60
[157] Dillinger, 24
[158] Sosnotzky, 203
[159] Nikitsch, 211 ff.
[160] Funder, 347
[161] Wladimir Aichelburg, Sarajevo 28. Juni 1914, Wien 1984, 42
[162] Sosnotzky, 206
[163] Aichelburg, 49
[164] Dillinger, 22
[165] Hellmut Andics, Die Frauen der Habsburger, Wien 1993, 226
[166] Sosnotzky, 220
[167] Margutti, 148
[168] Sosnotzky, 223
[169] Joachim Kühn, Ehen zur linken Hand in der europäischen Geschichte, Stuttgart 1968, 394
[170] Corti/Sokol, 412
[171] Dillinger 88
[172] Nikitsch, 219
[173] Neue Zeremonialakten, Karton 68
[174] ebenda
[175] »Die Zeit« vom 2. Juli 1914
[176] Nikitsch, 220
[177] »Neue Freie Presse«, 5. Juli 1914

Quellen- und Literaturverzeichnis

HANDSCHRIFTLICHE QUELLEN

Haus- Hof- und Staatsarchiv Wien

Nachlass Franz Ferdinand
Selekt Kronprinz Rudolf
Lothringisches Hausarchiv (Vermählungsakten)
Administrative Registratur, Personalakten des k. k. Ministerium des Äußeren
Neue Zeremonialakten
Zeremonialakten
Zeremonialakten Sonderreihe
Hofzeremonialprotokolle

GEDRUCKTE QUELLEN

Nachschlagewerke

Genealogische Handbücher des Adels, verschiedene Jahrgänge

Erwin Folkmann, Die gefürstete Linie des uralten und edlen Geschlechtes Kinsky, Prag 1861

Otto Forst-Battaglia, Ahnentafel seiner kaiserlichen und königlichen Hoheit des durchlauchtigsten Herrn Erzherzogs Franz Ferdinand von Österreich-Este, Wien und Leipzig 1910

Johann-Friedrich Gauhe, Des Heiligen Römischen Reichs genealogischhistorisches Lexicon, darinnen die älteste und ansehnlichste adeliche freyherrliche u. gräfliche Familien nach ihrem Alterthum, Ursprunge vorgestellet werden, Leipzig, 1740–1747

Brigitte Hamann, Biographisches Lexikon der Habsburger, Wien 1988

Handbuch des Allerhöchsten Hofes und des Hofstaates seiner k. u. k. Apostolischen Majestät, verschiedene Jahrgänge

Josef Ledr, Hrabata Chotkové z Chotkova a Vojnína, Kuttenberg 1886

Johann Siebmachers großes und allgemeines Wappenbuch, Nürnberg, verschiedene Jahrgänge

Jaroslav Thun und Hohenstein, Beiträge zu unserer Familiengeschichte, Tetschen 1925
Franz Vlasák, Der altböhmische Adel und seine Nachkommenschaft nach dem 30-jährigen Kriege, Prag 1866
Constant von Wurzbach, Biographisches Lexikon des Kaisertums Österreich, Wien 1856

Literatur

Wladimir Aichelburg, Sarajevo 28. Juni 1914, Wien 1984
Johann Christian Allmayer-Beck, Erzherzog Franz Ferdinand und Baron Max Vl. Beck, Wien 1948
Hellmut Andics, Die Frauen der Habsburger, Wien 1993

Bruno Brehm, Apis und Este, München 1931
Gordon Brook-Shepherd, Die Opfer von Sarajevo. Erzherzog Franz Ferdinand und Sophie von Chotek, Stuttgart 1988
Gordon Brook-Shepherd, Monarchien im Abendrot. Europas Herrscherhäuser bis 1914, Wien 1988
Gordon Brook-Shepherd, The Austrians. A thousand year odyssey, London 1996
Peter Broucek (Hrsg.), Ein General im Zwielicht. Die Erinnerungen Edmund Glaises von Horstenau, Wien 1980

Leopold von Chlumecky, Erzherzog Franz Ferdinands Wirken und Wollen, Berlin 1929
Alfons Clary-Aldringen, Geschichten eines alten Österreichers, Wien/Berlin 1977
Egon Caesar Conte Corti und Hans Sokol, Kaiser Franz Joseph, Graz/Wien/Köln 1960
Eva-Marie Csáky (Hrsg.), Vom Geachteten zum Geächteten. Erinnerungen des k. u. k. Diplomaten und des k. Ungarischen Außenministers Emerich Csáky (1882–1961), Wien 1992

Ghislain de Diesbach, Die Geheimnisse des Gotha, Wien 1964
Johann Dillinger, Erzherzog Franz Ferdinand von Österreich-Este und Herzogin Sophie von Hohenberg. Ein kurzes Lebensbild, Klagenfurt 1915

(Raoul von Dombrowski), Rudolf, Kronprinz von Oesterreich-Ungarn als Forscher und Waidmann, Wien 1889

Victor Eisenmenger, Erzherzog Franz Ferdinand. Seinem Andenken gewidmet von seinem Leibarzt, Wien 1930
Helene Erdödy, Lebenserinnerungen, Wien 1929

Erzherzog Franz Ferdinand, Tagebuch meiner Reise um die Erde 1892–1893, Wien 1895
Nora Fugger, Im Glanz der Kaiserzeit, Wien 1980
Friedrich Funder, Vom Gestern ins Heute, Wien 1971

Dorothy Gies McGuigan, Familie Habsburg, 1273–1918, Frankfurt/Berlin 1994
Edmund von Glaise-Horstenau, Erzherzog Franz Ferdinand, in: Neue Österreichische Biographie, III. Band, Wien 1926
Edmund von Glaise-Horstenau, Franz Josephs Weggefährte, Wien 1930
Sigrid-Maria Größing, Schatten über Habsburg, Wien 1991
Sigrid-Maria Größing, Wir hätten in einem Rosengarten sitzen können, Wien 1998

Brigitte Hamann, Rudolf. Kronprinz und Rebell, München 1995
Brigitte Hamann, Biographisches Lexikon der Habsburger, Wien 1988
Hermann Heller, Erzherzog Franz Ferdinand der Thronfolger Österreichs, Brünn 1911
Gerhard Herm, Glanz und Niedergang des Hauses Habsburg, Wien 1994

Robert A. Kann, Erzherzog Franz Ferdinand Studien, Wien 1976
M. Graf Ketösy, Habsburgische Mesalliancen und Liebesaffairen, Leipzig 1902
Zdenko Kinsky, Zu Pferd und zu Fuß, Wien 1974
Rudolf Kiszling, Erzherzog Franz Ferdinand von Österreich-Este. Leben, Pläne und Wirken am Schicksalsweg der Donaumonarchie, Graz/Köln 1953

Franz Klutschak, Böhmische Adelssitze als Centralpunkte volkswirtschaftlicher und humanitärer Gesichtspunkte, Prag 1855
Joachim Kühn, Ehen zur linken Hand in der europäischen Geschichte, Stuttgart 1968

Countess Olga Leutrum, Court and diplomacy in Austria and Germany: What I know, London 1918
Alfred von Lindheim (Hrsg.), Erzherzog Carl Ludwig. Ein Lebensbild, Wien 1897
Stephanie Lonyay, Ich sollte Kaiserin werden, Leipzig 1935
Heinrich Graf von Lützow, Im diplomatischen Dienst der k. u. k. Monarchie, Wien 1971

Franz Maneschg, Karl Chotek und Friedrich Wilczek als Gouverneure von Tirol und Vorarlberg, Innsbruck 1971
Albert Freiherr von Margutti, Vom alten Kaiser. Persönliche Erinnerungen an Franz Joseph I., Wien/Leipzig 1921
Adam Müller-Guttenbrunn, Franz Ferdinands Lebensroman, Ein Dokument unserer Zeit, Stuttgart 1919

Paul Nikitsch-Boulles, Vor dem Sturm. Erinnerungen an Erzherzog Thronfolger Franz Ferdinand, Berlin 1925

Hertha Pauli, Das Geheimnis von Sarajewo, Wien/Hamburg 1966
Ernst Plener, Erinnerungen, Stuttgart/Leipzig 1921
Gabriele Praschl-Bichler, Familienalbum Franz Joseph und Elisabeth, Wien 1995
Gabriele Praschl-Bichler, Familienalbum Karl und Zita, Wien 1996
Gabriele Praschl-Bichler, Gott gebe, dass das Glück andauere, Wien 1997
Hermine C. Proschko, Kronprinz Rudolf von Österreich, Wien 1881

Rudolf Sieghart, Die letzten Jahrzehnte einer Grossmacht, Berlin 1932

Bettina von Scharnhorst, Hofdamenbriefe, Zürich 1903
Irmgard Schiel, Stephanie. Kronprinzessin im Schatten von Mayerling, Stuttgart 1978
Margit Silber, Obersthofmeister Alfred Fürst von Montenuovo. Höfische Geschichte in den beiden letzten Jahrzehnten der österreichisch-ungarischen Monarchie (1896–1916), Wien 1994
Theodor von Sosnotzky, Franz Ferdinand, der Erzherzog Thronfolger. Ein Lebensbild, München/Berlin 1929
Juliana von Stockhausen, Im Schatten der Hofburg, Heidelberg 1952

John Van der Kiste, Windsor and Habsburg. The British and Austrian reigning houses 1848–1922, Gloucester 1987
Graf Paul Vasili, Die Wiener Gesellschaft, Leipzig 1885
Karl Vocelka, Habsburgische Hochzeiten 1550–1600, Wien 1976

Marie Freiin von Wallersee, Meine Vergangenheit, Berlin 1913
Friedrich Weißensteiner, Franz Ferdinand. Der verhinderte Herrscher, Wien 1983
Friedrich Weißensteiner, Ein Aussteiger aus dem Kaiserhaus: Johann Orth, Wien 1986
Leopold Wölfling, Habsburger unter sich. Freimütige Aufzeichnungen eines ehemaligen Erzherzogs, Berlin 1921
Adam Wandruszka, Das Haus Habsburg, Wien 1956
Adam Wolf, Graf Carl Chotek, geheimer Rath und Oberstburggraf von Böhmen. Ein Lebensbild, Prag 1869

Außerdem wurden verwendet: diverse Ausgaben oder Jahrgänge folgender Zeitungen und Zeitschriften – insbesondere Arbeiterzeitung, Berliner Abendblatt, Fremdenblatt, Magyar Hirlap
Neues Wiener Journal, Neue Freie Presse, Reichspost, Salon, Weltblatt, Die Zeit

Ahnentafel Erzherzog Franz Ferdinand

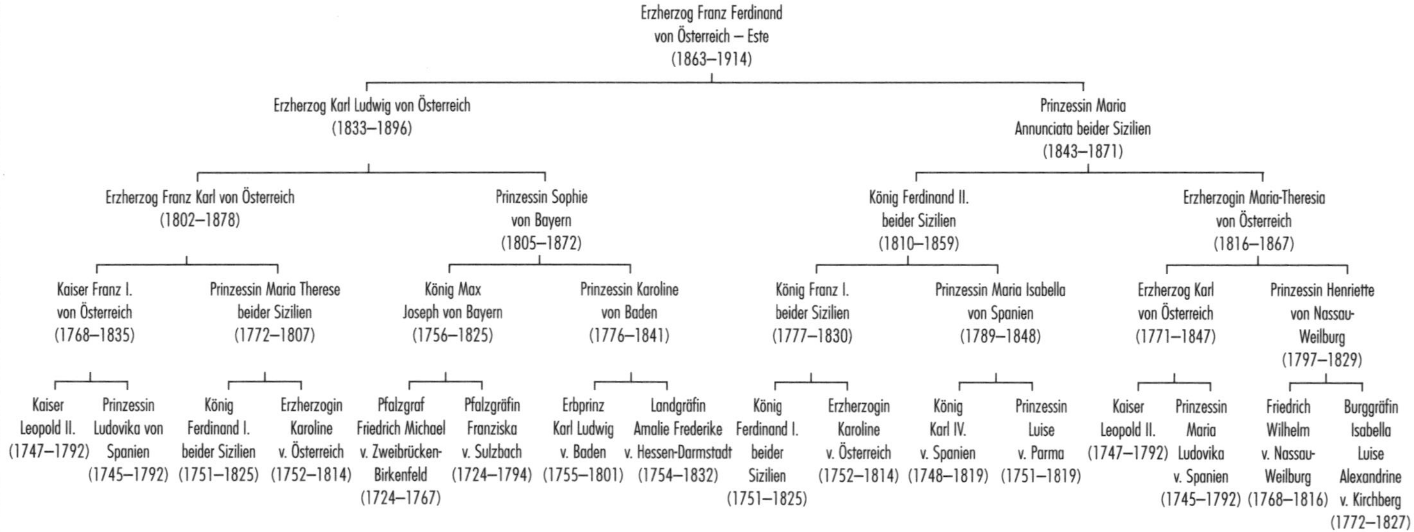

Ahnentafel Gräfin Sophie Chotek von Chotkowa und Wognin

- Gräfin Sophie Chotek von Chotkowa und Wognin nachmalige Herzogin von Hohenberg (1868–1914)
  - Graf Bohuslav Chotek (1829–1896)
    - Graf Karl Chotek (1783–1868)
      - Graf Johann Rudolf Chotek (1748–1824)
        - Graf Johann Karl Chotek (1704–1787)
        - Gräfin Marie Therese von Kottulinsky (1711–1798)
      - Gräfin Marie Sidonie Clary und Aldringen (1748–1824)
        - Fürst Franz Wenzel Clary und Aldringen (1706–1788)
        - Gräfin Josepha Hohenzollern Hechingen (1728–1801)
    - Gräfin Marie Berchtold (1794–1878)
      - Graf Anton III. Berchtold (1754–1819)
        - Graf Anton II. Berchtold (1725–1795)
        - Maria Anna Reviczky von Revisnye (1736–1755)
      - Maria Huszár de Szent-Kereszt (1771–1847)
        - Josef Huszár de Szent-Kereszt (1739–1816)
        - Marie Majláth de Székhely (1745–1813)
  - Gräfin Wilhelmine Kinsky von Wchinitz und Tettau (1838–1885)
    - Graf Josef Kinsky (1806–1862)
      - Fürst Ferdinand Kinsky (1782–1812)
        - Fürst Josef Kinsky (1751–1798)
        - Gräfin Marie Rosa Harrach (1758–1814)
      - Freiin Marie Charlotte Kerpen (1782–1841)
        - Freiherr Franz Georg Kerpen (1738–1808)
        - Freiin Marie Antonie Hornstein-Göffingen (1757–1828)
    - Gräfin Marie Czernin von und zu Chudenitz (1806–1872)
      - Graf Wolfgang Czernin (1766–1813)
        - Graf Adalbert Czernin (1726–1777)
        - Freiin Marie Therese Reisky von Dubnic (1736–1779)
      - Gräfin Antonie Salm-Neuburg am Inn (1776–1840)
        - Graf Karl Vincenz Salm-Neuburg (1744–1784)
        - Gräfin Marie Anna Khevenhüller-Metsch (1746–1777)

Quelle: Dr. Jaroslav Thun, Beiträge zu unserer Familiengeschichte, Tetschen 1925

Danksagung

Ich bin den Nachfahren Franz Ferdinands zu großem Dank verpflichtet, insbesondere Herrn Albrecht Hohenberg für die Erteilung der Benützungsbewilligung des Franz-Ferdinands-Archiv im Haus-, Hof- und Staatsarchiv, Frau Anita Hohenberg auf Schloss Artstetten. Ebenso spreche ich meinen Dank aus an Herrn Michael Graf von Wuthenau.
Außerdem danke ich Frau Dr. Elisabeth Springer vom Haus-, Hof- und Staatsarchiv Wien für ihre Hilfe und bereitwillige Beantwortung meiner vielen Fragen, ebenso wie Herrn Dr. Wolfgang Petritsch, Herrn Dr. Bernd Samobor und auch Herrn Dr. Karl Fazekas sowie den stets freundlichen Damen und Herren der Österreichischen Nationalbibliothek und der Wiener Stadtbibliothek.
Mein Dank gilt weiterhin Herrn Dr. Pavel Pachta für seine Anregungen und seine Hilfe bei der tschechischen Sprache sowie Herrn Dr. Alfred Heinzinger für das Lesen und Kommentieren des Textes.

Bildnachweis

Bildarchiv der Österreichischen Nationalbibliothek: S. 13, 27, 31, 39, 45, 55, 59, 61, 99, 121, 132, 145, 155, 164, 173, 176, 186, 192